Anton Schaumberg

Bogen und Bogenschütze bei den Griechen

Mit besonderer Rücksicht auf die Denkmäler bis zum Ausgang des archaischen Stils

Anton Schaumberg

Bogen und Bogenschütze bei den Griechen

Mit besonderer Rücksicht auf die Denkmäler bis zum Ausgang des archaischen Stils

ISBN/EAN: 9783955641924

Auflage: 1

Erscheinungsjahr: 2013

Erscheinungsort: Bremen, Deutschland

@ EHV-History in Access Verlag GmbH, Fahrenheitstr. 1, 28359 Bremen. Alle Rechte beim Verlag und bei den jeweiligen Lizenzgebern.

Bogen und Bogenschütze bei den Griechen
mit besonderer Rücksicht auf die Denkmäler bis zum Ausgang des archaischen Stils.

Nürnberg.
Buch- und Kunstdruckerei Benedikt Hilz.
1910.

Vorwort.

Für die allzeit bereitwillige Unterstützung meiner Studien bin ich Herrn Professor Ludwig Curtius zu größtem Danke verpflichtet. Nächst ihm schulde ich Herrn Professor Buchner aufrichtigen Dank dafür, daß er mich in die Technik der Bogenschießkunst einweihte. Die Herren Professoren Pechuel-Loesche und Freiherr v. Bissing haben mir nicht nur in zuvorkommendster Weise ihre Bibliothek zur Verfügung gestellt, sondern auch meine Arbeit durch manch wertvolle Anregung gefördert. Herr Dr. Arndt hatte die Güte, mir die Durchsicht seiner Sammlung zu gestatten.

Anton Schaumberg.

Inhaltsübersicht.

	Seite
Die ersten Waffen des Menschen	1
Aufkommen von Bogen und Pfeil	2
Die Erfinder des Bogens	2
Die Bestandteile des Bogens	5
Die Bestandteile des Pfeils	6
Einiges vom Bogen und seiner Technik	7
Einteilung der verschiedenen Bogenarten	8
Beschreibung der wichtigsten modernen Bogenarten	8
Bespannen des chinesischen Bogens	10
Handhabung des Bogens beim Anziehen zum Schuß	11
Anzug	12
Auszug	13
Ein Handbuch der Bogenkunde aus justinianischer Zeit mit besonderer Berücksichtigung des antiken Anzugs und Auszugs	14
Bogen und Bogenschütze in Ägypten	18
Bogen und Köcher der nach Ägypten einwandernden Asiaten	29
Der „Harn-Bogen"	30
Der Bogen der vorislamischen Beduinen	31
Bogen und Bogenschütze in Mesopotamien	32
„ „ „ im hettitischen Kulturkreis	46
„ „ „ in Persien	50
„ „ „ im griechisch-mykenischen Kulturkreis	54
„ „ „ bei Homer	68
„ „ „ auf griechischen Denkmälern geometrischen Stils	92
„ „ „ im griech. Kulturkreis vom 8. Jahrh. v. Chr. ab	97
Der „τόξον Σκυθικόν"	102
Bogen und Bogenschütze auf jonischen und griechischen Denkmälern archaischen Stils	108
Nationalität der spitzmützigen Bogenschützen auf attischen Denkmälern archaischer Zeit	131

Die ersten Waffen des Menschen.

Die Waffen sind ein Teil der durch „Organprojektion" entstandenen Ausrüstung des primitiven Menschen. Unter Organprojektion versteht man die Fähigkeit, die Tätigkeiten der Organe in die Ferne zu erweitern, zu projizieren[1]. Zu den primitiven Waffen des Menschen, die der Organprojektion ihre Entstehung verdanken, gehören abgesehen vom rohen Stein der Schleuderstock, eine Verbindung von Stein und Stock, die Bandschleuder, die sich aus dem rohen Stein und einem Band zusammensetzt, die Keule, das Bumerang[2], der Wurfstock[3], bestehend aus einem Speer und einem Stab zum Fortschleudern des Speeres, und das Wurfseil[4].

[1] E. Kapp, Grundlinien einer Philosophie der Technik. Braunschweig 1877.
[2] Zwei Bumerangs aus der époque magdalénienne: Ztschrft. f. Ethn. 1901, S. 139, Fg. 6 und 8.
[3] Drei solche Waffen aus dem Paläolithikum Frankreichs: Ztschrft. f. Ethn. 1901, S. 139, Fg. 2—4.
[4] All diese Waffen finden wir noch heute bei Naturvölkern in Gebrauch: Der rohe Stein als Waffe auf Squally-Island: R. Parkinson, Dreißig Jahre in der Südsee. Stuttgart 1907, S. 343; der Schleuderstock in Tschingulungulu in Deutsch-Ostafrika: Wenle, Mitt. a. d. deutschen Schutzgebieten 1908, Ergänzungsheft n. 1, S. 37, Tf. 28, 3; die Bandschleuder auf den Bismarckarchipelinseln: Parkinson S. 128, 167, 224, 282 a. a. O.; in Südamerika: H. Meyer, Bogen und Pfeil in Zentralbrasilien, Leipzig, S. 4; die Keule aus Walfischknochen aus Nukumanu: Parkinson, S. 542, Abb. 94; australische Bumerangs: Ztschrft. f. Ethn. 1901, S. 139, Fg. 5, 7; australische Wurfstöcke: Ztschrft. f. Ethn. 1901, S. 139, Fg. 1; zum Wurfseil vergl. die ägyp-

Die Feuersteinspitzen aus der époque solutréenne gehörten wahrscheinlich zum Speer des Wurfstocks[1].

Aufkommen von Bogen und Pfeil.

Der Bogen unterscheidet sich von allen bisher aufgeführten Waffen in zweifacher Hinsicht:

1. Er verdankt nicht der Organprojektion seine Entstehung, vielmehr beruht die Technik des Bogens auf der Beobachtung einer gewissen Körpern innewohnenden, latenten Kraft, ihrer Elastizität, zum Werfen des Speeres im kleinen, des Pfeils[2].

2. Während bei der Handhabung der vorgenannten Waffen die aufgewandte Muskelkraft dauernd an das Geschoß abgegeben wird, speichert sie sich in dem elastischen Bogen auf, um sich dann in erheblich günstigerer Verwertung auf den Pfeil zu übertragen. Der Bogen ist somit das erste künstliche Spannwerkzeug[3].

Die Erfindung des Bogens bezeichnet also einen bedeutenden Moment in der Entwicklung des Werkzeugs[4]. Daß diese Erfindung aber noch in die paläolithische Zeit zurück-

---

tische „Schminktafel": Schurtz, Urgeschichte d. Kultur S. 345, A. Byhan, Die Polarvölker S. 82 (i. d. Sammlung Wissenschaft und Bildung 1909). — Das Blasrohr kann nicht zu den eigentlichen Waffen gerechnet werden: Parkinson S. 225 f.

[1] cf. die Zusammenstellung bei Déchélette manuel p. 139, fg. 49. Auch die pointes à cran (Déchélette p. 141, fg. 51) gehören hierher.

[2] Die von Bastian in der Ztschrft. f. Ethn. 1894, S. 448 vorgetragene Ansicht ist mir unverständlich geblieben.

[3] P. Reimer, Vom Pfeil und Bogen S. 115 in der Ztschrft. Schuß und Waffe 1908, n. 5, 6, 7. (Im folgenden abgekürzt: Reimer.)

[4] Reimer S. 114 nennt die Erfindung des Bogens „die erste wirkliche Erfindung, welche die Menschheit überhaupt gemacht hat".

reicht, scheint allen Indizien nach wenig wahrscheinlich. Am besten würde sie sich in der Übergangszeit von der älteren zur jüngeren Steinzeit verstehen lassen, also etwa in der époque azilienne. Unter dieser Voraussetzung erklärt sich auch das Fehlen des Bogens bei den meisten Stämmen der Bismarckarchipelinseln und den Völkern von Zentralaustralien, die auf der primitiven Kulturstufe der paläolithischen Zeit stehen geblieben sind; ferner seine Verbreitung über ganz Europa in neolithischer Zeit, was uns folgende Funde beweisen:

1. Das Landesmuseum in Zürich besitzt aus Schweizer Pfahlbauten vier vollständig erhaltene Holzbogen, die in ihrer äußeren Form langen, den Enden zu dünner werdenden, runden Stäben gleichen[1].

2. Jähns[2] beschreibt einen in einem Torfmoor bei Cambridge gefundenen Bogen, jetzt in der Sammlung C. J. Longman: „Der vorgeschichtliche Eibenbogen in der Sammlung Longman ist ein einfacher, nahezu fünf Fuß langer Stab. Da er ziemlich weich ist, so trug er wohl nur auf kurze Entfernung. Er ist nicht wählerisch ausgesucht; denn er zeigt verschiedene Astansätze, die übrigens nicht abgeglättet sind, um den Bogen nicht der Gefahr des Zerbrechens auszusetzen — ein Verfahren, das auch später alle kundigen Bogenbauer innegehalten haben. Longmans Bogen besteht aus etwa zwei Dritteln eines dünnen Eibenastes, ist also noch nicht, wie man es später zu tun vorzog, aus einem

---

[1] n. 340 aus Niederwil; n. 412, 413 aus Robenhausen; n. 6425 aus Sutz. Über weitere prähistorische Bogen aus Robenhausen (Gabr. de Mortillet, Le Préhistorique, Paris 1883), Lutz (Marquis de Nadaillac, Mœrs et monuments des peuples préhistoriques, Paris 1888), aus dem Pfahlbau der Möveninsel im Soldinersee (Ztschrft. f. Ethn. 1873, S. 109).

[2] Entwicklungsgeschichte der alten Trutzwaffen, Berlin 1899, S. 299.

starken Stamm geschnitten. Der Zweig ist der Länge nach gespalten und der eine etwas dickere Teil dann bearbeitet worden. Unzweifelhaft bildet die runde Seite den Bauch des Bogens; der Splint, d. h. der der Rinde nächstgelegene, saftigere Holzteil lag somit nach innen. Heutzutage verfährt man gerade umgekehrt."

Pfeilspitzen der neolithischen Zeit.

Unter den in Menge gefundenen Silexspitzen der neolithischen Zeit lassen sich drei Haupttypen scheiden:
1. Spitze ohne Fuß und Widerhaken[1].
2. Spitze mit Fuß und ohne Widerhaken.
3. Spitze mit Fuß und Widerhaken[2].

Zur 1. Klasse gehören auch die dreieckigen, rautenförmigen und jene, die die Gestalt von Blättern aufweisen; manche dieser Exemplare erinnern an die Solutréenspitze. Die Basis kann gerade, konkav oder konvex sein.

Der Fuß der 2. Klasse kann entweder ganz breit oder schmal sein. Zuweilen ist er am Ende noch mit einem Ausschnitt versehen.

Der Hauptunterschied zwischen den Spitzen der älteren und jüngeren Steinzeit besteht darin, daß der Silex jener einfach behauen, der dieser in den meisten Fällen schon geglättet ist.

Stein war natürlich nicht das einzige Material für Spitzen; man verwandte auch Horn, gehärtetes Holz, Fischgräten, Muscheln usw.

---

[1] Die Befestigung dieser Spitze am Pfeilschaft geschah in der Weise, daß man in dessen oberes Ende einen Schlitz sägte und darein die Spitze klemmte. Der Schlitz im Schaft wurde dann mittelst Schnur und Asphalt gefestigt. Silexspitzen in ihrer alten Schäftung aus den Schweizer Pfahlbauten bei Forrer Reallexikon Tf. 146; 11, 11a.

[2] Eine Zusammenstellung all dieser Formen bei Déchelette p. 496, fg. 174.

Für Wurfspieße gebrauchte man Spitzen größeren Kalibers als für Pfeile. Trotzdem ist es nicht immer möglich, eine genaue Grenzlinie zwischen beiden Gruppen zu ziehen.

Daß der Bogen in Europa keine heimische Waffe war, beweisen die sprachlichen Gleichungen der auf den Bogen bezüglichen Dinge. Diese Gleichungen deuten vielmehr nach dem Osten, wie auch die ältesten Bogendarstellungen aus Ägypten stammen[1]. *Die Erfinder des Bogens.*

Die Bestandteile des Bogens.

Am besten knüpfen wir die Aufzählung der einzelnen Bogenteile an den modernen englischen Eibenbogen an, einmal, weil er die Bogenform in einfacher Gestalt darstellt und dann, weil er in den bogenschießenden Kreisen allgemein bekannt ist. Die Teile des Bogens sind also:

1. Die dem Ziel zugewandte Seite, die zumeist flach gearbeitet ist: der „Rücken".

2. Die dem Schützen zugekehrte, runde Seite: die „Bauchseite".

3. Der Teil in der Mitte des Bogens, den die l. Faust beim Schießen packt: das „Mittelstück".

4. Die Bogenteile zu beiden Seiten des Mittelstücks: die „Bogenarme" oder „Bogenflügel". Bei ihnen unterscheidet man wieder:

a) jenen Bogenarm, an dessen Ende der lose Endteil der Sehne eingesetzt wird: der „obere" Bogenarm;

---

[1] Luschan vermutet als Erfinder des zusammengesetzten Bogens die Sumerer (i. d. Verhdlgn. d. Ztschr. f. Ethn. 1899, S. 231 ff.). Diese kannten in ältester Zeit den Bogen wahrscheinlich noch nicht; vielleicht daß sie erst von den aus dem Norden kommenden Semiten damit bekannt gemacht wurden; s. Ed. Meyer, „Sumerier und Semiten" i. d. Abhdlg. d. Berl. Ak. 1906, S. 113; Gesch. d. Alt. I, S. 113.

b) jenen Bogenarm, an dessen Ende die Sehne fest gebunden ist: der „untere" Bogenarm.

5. Der hörnerne Endteil an jedem Bogenarm, in den je eine Kerbe für das Einlassen der Sehne eingeschnitzt ist entsprechend dem dazugehörigen Bogenarm: „oberes" und „unteres Horn".

6. Die Hanfschnur, die beide Bogenarme verbindet: die „Sehne".

Die Bestandteile des Pfeils.

Größere Sorgfalt als auf die Herstellung des Bogens muß auf die des Pfeils verwendet werden[1]. Denn wenn man mit einem schlechten Bogen immerhin noch das gestellte Ziel treffen kann, ist dies mit einem schlechten Pfeil niemals der Fall. Die Länge des Pfeils richtet sich nach der Armlänge des Schützen, Durchschnittslänge 70 cm. Der Pfeil muß vollkommen gerade und sein Holz so fest sein, daß er beim Einschlagen ins Ziel nicht bricht. Die einzelnen Teile des Pfeiles sind:

1. die Spitze, 2. der Schaft aus Holz oder Rohr, 3. die Befiederung, 4. die Kerbe am der Spitze entgegengesetzten Endteil.

Die Befiederung dient dazu, den Luftwiderstand zu steigern. Ohne eine solche Hemmung könnte sich der Pfeil leicht überschlagen.

Die Kerbe zum Einsetzen in die Sehne unterscheidet den Pfeil vom Wurfspieß.

---

[1] s. die mühsame Herstellung des Pfeils in Ruanda (Ztschrft. f. Ethn. 1904, S. 134 ff.).

Einiges vom Bogen und seiner Technik.

In Europa gilt jener Bogen als normal, dessen Länge gleich ist dem Abstande von Fingerspitze zu Fingerspitze, wenn die den Bogen handhabende Person mit ausgebreiteten Armen gedacht ist. *Länge des Bogens.*

Unter einem reflexen Bogen versteht man einen solchen, der von der Sehne befreit in seine Ruhelage sich nach rückwärts fast zu einem offenen Kreise zusammenkrümmt. Die Reflexität kann auch minder stark sein.[1] *Reflexität des Bogens.*

Der Bogen soll den Kräften des Schützen angepaßt sein; er darf keine zu große Spannkraft besitzen. Die Spannkraft des Bogens wird nach seinem Gewicht gemessen, das man also ergründet: Man hängt den Bogen an seinem Mittelstück über einen Haken und belastet die aufgespannte Sehne mit so vielen Gewichten, bis die Mitte der Sehne um die Länge des Pfeils vom Mittelstück entfernt ist. Das sich ergebende Gewicht ist das „Spanngewicht" des Bogens, das in englischen Pfunden oder Kilogrammen angegeben zu werden pflegt. Mittelstarke Bogen haben ein Spanngewicht von 20—25 kg. *Spanngewicht des Bogens.*

Jene Bogenform, die dem Mittelstück zu eingewölbt und an beiden Enden aufgebogen ist, heißt „Kupidoform". Diese Bezeichnung hängt damit zusammen, daß die Griechen (auch die modernen Künstler) Eros (Kupido) mit einem allerdings zumeist sehr kleinen, ähnlichen Bogen in der Hand darstellten[2]. Bei den Griechen selbst entspricht dem kupidoförmigen Bogen der „$\tau \acute{o} \xi o \nu \; \Sigma \kappa \upsilon \theta \iota \kappa \acute{o} \nu$" in seinen mannigfachen Variationen. *Kupidoform des Bogens.*

---

[1] Diese macht sich beim Aufbringen der Sehne geltend.
[2] Monuments grecs 1875, 2, M. d. l. VI, 47, 6; $'E\varphi$. $\dot{\alpha}\varrho\chi$. 84, 1, 35, 36.

Einteilung der verschiedenen Bogenarten.

Unter den Bogen lassen sich zwei Hauptarten scheiden:

1. Der einfache Bogen. Hierher gehören alle aus einem einfachen Holzstabe geschnitzten Bogen.

2. Der zusammengesetzte Bogen. Die aus mehreren Substanzen zusammengesetzten Bogen. Dazu sind auch alle Bogen, die zwar aus einem Materiale wie z. B. Holz oder Horn gefertigt sind, bei denen das Material aber in einzelne Schichten zerlegt und diese erst wieder durch Leim aneinander gefügt sind, zu zählen[1].

Beschreibung der wichtigsten modernen Bogenarten.

Seit dem Aufsatze von Luschan in der Festschrift für Benndorf S. 189 ff.[2] spielt in der philologischen Literatur der „Turkestanbogen" eine Rolle, den Luschan für das getreue Faksimile des antiken Bogens hält. Wie mir Herr Buchner mündlich mitteilte, steht diese Bogenform zwischen dem türkischen und dem chinesischen Bogen, die im wesentlichen identisch sind[3]. Wir selbst ziehen vor, anstatt des weniger bekannten Turkestanbogens, den chinesischen Bogen als Beispiel eines zusammengesetzten Bogens ausführlicher zu beschreiben. Dieser besteht aus folgenden Teilen:

Der chinesische Bogen.

1. An der Bauchseite eine Hornplatte.
2. In der Mitte Holz.

---

[1] cf. v. Luschans spezialisierende Einteilung der Bogentypen in der Ztschrft. f. Ethn. 1899, Verhandl. S. 239.

[2] Derselbe: Berliner philol. Wochenschrift 1899, S. 411 ff.; Zeitschrift f. Ethn. 1899, Verhandl. S. 232.

[3] Reimer S. 164 macht zwischen dem türkischen und Turkestanbogen keinen Unterschied, s. Hammer-Purgstall, Türkische Bogen.

3. Auf dem Rücken eine Schicht aufgeleimter tierischer Fasern.

4. Darüber Birkenrinde mit buntem Anstrich.

Die Form des chinesischen Bogens in bespanntem Zustand[1] ist diese: Schwache Einwölbung dem Mittelstück zu; an beiden Bogenarmen in ziemlicher Entfernung vom Mittelstück je ein im stumpfen Winkel nach aufwärts stehendes „Ohr".

An den Winkelpunkten sitzt am Bauche je ein Steg. Die Sehne liegt in den Kerben an den Enden der Ohren und läuft über die beiden Stege. Technisch erklären sich diese beiden Zutaten so:

1. Die Spannkraft des zusammengesetzten Bogens läßt dadurch gegen das Ende der Spannweite etwas nach[2].

2. Die Flugbahn des Geschosses wird verlängert. Die Sehne schlägt nämlich nach dem Loslassen vorerst an die beiden Stege und begibt sich erst dann, nachdem sie nach vorne geschnellt war, in ihre Ruhelage zurück. Dadurch erhält der Pfeil zwei außerordentliche Schläge, die dem Segmentbogen abgehen.

Kompliziert und gefährlich für den Schützen ist diese Bogenform dadurch, daß die Sehne nicht auf die Stege auftrifft und so der außerordentlich reflexe Bogen in seine Ruhelage zurückschnellt, was leicht ernsthafte Verletzungen zur Folge haben kann[3].

Der Bogen der Japaner ist in mehrfacher Hinsicht ein Kuriosum:

1. Er hat die ungewöhnliche Länge von durchschnittlich 2,20 m.

---

[1] Darunter ist der Bogen mit aufgespannter Sehne zu verstehen.
[2] So Reimer S. 164.
[3] Dem chinesischen Bogen ähnlich ist der Baschkirenbogen.

2. Das Mittelstück liegt nicht gleichweit von den Bogenenden entfernt, sondern näher dem unteren[1].

3. Statt Kerben sind die Enden zu Zapfen abgesetzt, von denen der obere länger, der untere kürzer.

4. Die Sehne hat an dem einen Ende eine Öse, an dem anderen eine Schlingung.

Dieser in vierfacher Hinsicht unsymmetrische Bogen besteht aus sieben schlanken Stäben, abwechselnd Bambus und anderes Holz, die kunstvoll der Länge nach zusammengeleimt sind.

Der Schweizerbogen. Der alte Schweizerbogen besteht aus dem Holze des Goldregen (Cytisus laburnum). Das Holz wird durch Biegen über Feuer künstlich in die Kupidoform gebracht.

Der englische Bogen. Der englische Bogen, dessen Bestandteile wir schon oben kennen gelernt haben, wird zumeist aus Eibenholz hergestellt[2].

Bespannen des chinesischen Bogens.

Die verschiedenen Arten der Bespannung der genannten Bogenarten genau zu beschreiben, würde über den Rahmen der Arbeit hinausgehen. Wir beschränken uns deshalb auf die Bespannweise des chinesischen Bogens, die allein vorläufig für uns in Betracht kommt[3]:

„Der Bogen ist an beiden Enden schon durch die Ösen der Sehne gesteckt, die ganz unsinnig lang geknüpft sind.

---

[1] Buchner im Globus S. 86 sieht den Grund dafür in der Größe des Bogens und in dem Vorteil, „daß man so auch in knieender Stellung und selbst im Sitzen schießen kann".

[2] Buchner nennt im Globus 1906, S. 77 noch andere Holzarten Er verweist auf englische Bogen, die aus zwei oder drei verschiedenen Hölzern zusammengesetzt sind.

[3] Im übrigen s. Buchner im Globus 1906, S. 75 ff. und die Abb. 8, S. 851 i. d. Ztschrft. f. Ethn. 1908.

An dem einen Ende hängt man die Öse fertig in ihren Einschnitt ein, sichert sie mit der rechten Hand, die hierbei den Steg umgreift, der Daumen oben, der Ballen unten und streckt dieses Ende nach oben rechts. Der Rücken des Bogens sieht nach unten. Dann steigt man mit dem rechten Bein zwischen den Bogen und die Sehne und zwar ganz bis zum Gesäß, so tief als möglich unter die Mitte, legt die untere Bogenhälfte über das l. Knie, das jetzt den Gegendruck übernimmt, und führt mit der freigewordenen Linken die untere Öse in den unteren Einschnitt."

Handhabung des Bogens beim Anziehen zum Schuß.

Ist der Bogen bespannt, die Sehne, der man entlang visiert, auf ihre Geradheit geprüft, so hat der Schütze fünferlei zu beachten, um einen ordentlichen Schuß zu erzielen:

1. Stellung. Man stellt die Ferse des l. Fußes an die innere Seitenwölbung des r. Fußes, die l. Körperseite dem Ziele zugewandt.

2. Man legt für gewöhnlich den Pfeil an die linke Seite des Mittelstücks, indem man zugleich das Schaftende mit Daumen und Zeigefinger fassend die Pfeilkerbe auf die Sehne setzt. Der Pfeil ist beim Schießen so ans Mittelstück zu drücken, daß er auf den Daumenknorpel zu liegen kommt und auf der Sehne senkrecht steht.

3. Anzug. Der Bogen ist mit der Hand des gestreckten l. Armes dem Ziele entgegenzuhalten und die Finger haben behutsam ihre Stellung an der Sehne einzunehmen[1].

---

[1] Über die verschiedenen Arten des Anzugs siehe den folgenden Abschnitt!

4. **Zielen.** Man dreht den Kopf nach links, dem Ziele zu. Der Pfeil muß eine solche Lage haben, daß das r. Auge ihn genau nach dem Ziele deuten sieht. Linke Hand, Pfeil, rechte Hand, Unterarm und Ellenbogen sollen genau in einer Ebene liegen.

5. **Abschuß.** Man zieht vorsichtig die Sehne bis zum Kinn unterhalb des rechten Mundwinkels auf, prüft noch schnell, ob auch die Zielebene nicht allzu stark verrückt wurde und läßt leicht die Sehne los. Eine kleine Verschiebung der Zielebene wird durch das Aufziehen der Sehne immer hervorgerufen. Ein guter Schütze wird daher noch im Augenblicke des Abschusses durch entsprechende Verschiebung der Zielebene dem Pfeil die gewünschte Richtung zu geben versuchen. Natürlich ist dies Sache der Übung und nur ganz geübten Schützen möglich.

Anzug.

Die verschiedenen Arten des Anzugs d. h. der Art und Weise, wie Sehne samt Pfeil zum Schusse zurückgezogen wird, hat E. S. Morse[1] in sechs Klassen eingeteilt. Buchner glaubt nach dem heutigen Stande der Berichte mit viererlei Hauptarten auszukommen[2]:

1. Der primäre Anzug. „Der an die Sehne gesetzte Pfeil wird mit Daumen und Zeigefinger festgehalten und angezogen, wobei der letztere so gekrümmt ist, daß er mit seinem dritten Gelenk dem Endglied des Daumens entgegenwirkt."

2. Der englische Anzug. Zeige-, Mittel- und Goldfinger werden mit ihrem vordersten Glied an die Sehne

---

[1] Ancient and modern Methods of Arrow-Release. Essex Institute Bulletin. Oct.—Dec. 1885.
[2] Globus 1906, S. 86.

gelegt, wobei der Pfeil womöglich von diesen Fingern selbst ganz unberührt bleiben soll. Kleiner Finger und Daumen stehen untätig ab.

3. Der mongolische Anzug. Das erste Glied des Daumens hackt sich um die Sehne. Über ihn legt sich der Zeigefinger samt dem Mittelfinger. Die Pfeilkerbe liegt im Winkel zwischen Daumen und Zeigefinger.

4. Anzug der Wute. Die Sehne wird von der Mittelhand angezogen, die durch einen hölzernen Spannring geschützt ist. Der Pfeil wird vom Daumen festgehalten[1].

Aufzug.

Unter Aufzug versteht man das Zurückziehen der Sehne beim Schießen, bis der Bogen eine dem Schützen genügend erscheinende Schnellkraft erhalten hat.

Chinesen, Japaner und Türken ziehen die Sehne bis zum r. Ohr oder bis zur r. Schulter auf. Auch die älteren Engländer wandten diesen Aufzug an. Erst seit den Reformationen von Horace Ford, dessen Leistungen 1857 ihren Höhepunkt erreicht hatten, ziehen die Engländer die Sehne bis zum Kinn, senkrecht unter den r. Mundwinkel. Dieser Aufzug ist insofern ein bedeutender Fortschritt, als man nunmehr auch in der Lage ist, zu visieren, was vorher nicht möglich war. Der Aufzug bis ans Ohr wie der bis zur Schulter bezweckten nur einen möglichst starken Schuß unter Anspannung aller Kraft.

---

[1] Zuverlässige Abbildungen vom englischen, mongolischen und dem Anzug der Wute im Globus 1906, S. 87.

Ein Handbuch der Bogenkunde aus justinianischer Zeit mit besonderer Berücksichtigung des antiken Anzugs und Aufzugs.

Aus justinianischer Zeit besitzen wir von einem unbekannten Schriftsteller das Fragment eines Handbuchs über Bogenkunde[1]. Zum unmittelbaren Vergleich mit der modernen Bogentechnik fügen wir einige seiner Bemerkungen gleich hier an.

Er behandelt seine Arbeit nach drei Gesichtspunkten:
1. τὸ εὐστόχως βάλλειν das richtige Schießen.
2. τὸ ἰσχυρῶς βάλλειν der kräftige Schuß.
3. τὸ ταχέως βάλλειν das schnelle Schießen.

Von besonderer Wichtigkeit aus dem 1. Kapitel sind seine Bemerkungen über den An- und Aufzug: I, 7: Τῶν δὲ τοξευόντων οἱ μὲν τρισὶ τοῖς μέσοις δακτύλοις τὴν νευρὰν ἕλκουσιν, οἱ δὲ δυσί, καὶ τούτοις οἱ μὲν τοῦ μεγίστου ἐπικειμένου τῷ λιχανῷ, οἱ δὲ τ' οὐναντίον, οἳ καὶ μᾶλλον τὴν νευρὰν ἕλκουσι καὶ πέμπουσι τὸ βέλος σφοδρότερον. Von den Bogenschützen ziehen die einen mit den drei Mittelfingern die Sehne zum Schusse an, die andern nur mit zwei Fingern und zwar die einen, indem der größte Finger auf dem Daumen aufliegt, die anderen umgekehrt. Diese ziehen auch die Sehne weiter auf und entsenden den Pfeil mit größerer Kraft.

Bei der Schwierigkeit der bildlichen Wiedergabe des Anzugs stehen uns nur wenig verlässige entsprechende Darstellungen zur Verfügung:

Der englische Anzug

1. τρισὶ τοῖς μέσοις δακτύλοις.

---

[1] Griechische Kriegsschriftsteller v. Köchly-Rüstow. Leipzig 1855, Bd. 2b, S. 198 ff.

Der englische Anzug, der mit kleinen Varianten auf folgenden Denkmälern erscheint:

1. Altattische Amphora: Arch. Ztg. 1858, Tf. 114,1. Herakles und Prometheus. Herakles hat die Finger der r. Hand, den Daumen abgerechnet, jenseits der Sehne liegen, so daß die Innenfläche der Hand dem Beschauer sichtbar ist.

2. Vasenfragment des streng r. f. Stils der Sammlung Arndt, darstellend einen Bogen haltenden Arm.

Hand des vorgestreckten l. Armes hält den Bogen mit eingewölbtem Mittelstück. Linker Zeigefinger ausgestreckt. Die r. Hand hat die Sehne halbwegs aufgezogen. Die Sehne läuft durch die Hand. Der kleine Finger ist ausgestreckt, weitere vier Finger liegen über der Sehne. Pfeilende zwischen oberstem und nächsten Finger. Einen Finger hat der Maler zu viel gezeichnet; er hätte den obersten Finger entweder auch abstehend zeichnen oder überhaupt unsichtbar lassen sollen[1].

II. δυσὶ καὶ τούτοις οἱ μὲν

A. τοῦ μεγίστου ἐπικειμένου τῷ λιχανῷ.

Primär-mongolischer Anzug.

Den Anzug zeigt der „Paris" des westlichen Äginagiebels: Ztschrft. f. Ethn. 1908, S. 849, Fg. 4, 5[1].

Buchner beschreibt den Anzug, der eine Zwischenstufe zwischen dem primären und dem mongolischen Griff darstellt, so: „Über den gehackten Daumen, über dessen Nagelglied ist der Mittelfinger gekrümmt und ähnlich krümmt sich der Zeigefinger, dieser aber noch etwas mehr, nicht über und um den Daumen herum, sondern zu sich selbst zurück, so daß er

---

[1] Ähnlichen Anzug zeigt der Herakles (?) der Bronzeplatte aus Olympia Tf. 40.

[2] Ebenda S. 845 ff. der Aufsatz Buchners: „Das Bogenschießen der Ägineten." — Gleichen Anzug wie der Paris (Furtwängler Glyptothek n. 81) zeigt das wahrscheinlich dem Ostgiebel angehörige Armfragment in der Glyptothek n. 136 (Ztschrft. f. Ethn. 1908, S. 850, Fg. 6, 7).

mit seinem Nagelglied hinter das des Daumens kommt. Zwischen Daumen und Zeigefinger geht ein schräges Loch durch, das für die Sehne gebohrt sein mußte, von unten gesehen mündet es zwischen dem Knickungswinkel des Daumens und dem Nagel des Zeigefingers."

B. οἱ δέ τ' οὐναντίον, also Daumen auf Mittelfinger.

1. Vasenscherbe s. s. späteren Stils in der Münchener Vasensammlung.

Schütze in eng anliegender Kleidung hinter einem Schwerbewaffneten hervor schießend. Die Innenfläche der Hand des Schützen ist dem Beschauer zugekehrt. Kleiner und Goldfinger untätig ausgestreckt, Zeige- und Mittelfinger der Handfläche zugebogen, über beiden Fingern der Daumen[1].

2. Größeres Vasenfragment desselben Stils und ähnlicher Darstellung in der Sammlung Arndt: Anzug ganz ebenso wie vorher[2].

3. Onesimosschale: Hartwig Meisterschalen Tf. 56,1. Knieender Schütze neben einem Schwerbewaffneten. Auf dem Innenbild der Schale legt der Schütze die Hand in natürlicher Weise an die Sehne, Rücken der Hand dem Beschauer zu. Kleiner und Goldfinger ausgestreckt, Mittel- und Zeigefinger über der Sehne, Daumen hinter der Sehne, scheinbar den letztgenannten beiden Fingern zugebogen.

Primärer Anzug.

Ein von dem Schriftsteller nicht erwähnter Anzug erscheint auf dem polygnotischen Vasenbild M. d. J. X, Tf. 53.

Von der anziehenden r. Hand des auf die Freier schießenden Odysseus stehen Zeige- und Goldfinger untätig ab, zwischen Daumen und Zeigefinger ist das Kerbende des

---

[1] Ähnlich der Anzug des Herakles: Arch. Ztg. 1884, Tf. 4.
[2] Wahrscheinlich soll auch die anziehende Hand des Herakles auf der chalkidischen Amphora in Berlin n. 1670, A. V. 119 diesen Anzug zeigen. cf. dazu Buchner in der Ztschrft. f. Ethn. 1908, S. 855, Fg. 12.

Pfeils samt Sehne gefaßt, Zeige- und Mittelfinger liegen gekrümmt an der Sehne. Es ist der primäre Anzug[1].

An die Beschreibung der Arten des Anzugs knüpft der byzantinische Schriftsteller die Forderung, jeder Schütze solle sich mit den genannten Arten des Anzugs vertraut machen: I, 8 Δεῖ δὲ καθ' ἕκαστον τούτων τῶν εἰρημένων τρόπων γυμνάζειν ἑαυτὸν ἕκαστον, ὥστε πασχόντων τῶν προτέρων δακτύλων τῇ συνεχείᾳ τῆς τάσεως κεχρῆσθαι τοῖς ἄλλοις jeder einzelne solle sich in all den genannten Arten üben, so daß er, sobald die einen zuerst gebrauchten Finger durch das beständige Anziehen ermattet sind, die andern gebrauchen kann.

Beim Aufzug unterscheidet der Byzantiner zwei Arten, die wir gleichfalls auf griechischen Denkmälern nachweisen können: I, 9 Κάμπτομεν δὲ τὸ τόξον ποτὲ μὲν κατὰ ὠτός, ποτὲ δὲ κατὰ μαζοῦ τὴν νευρὰν ἕλκοντες. φέρεται δὲ τὸ βέλος ἰσχυρότερον μέν, ὅταν κατὰ ὠτὸς τὴν νευρὰν ἕλκωμεν, εἶτα, [ὅταν κατὰ τραχήλου], ἀσθενέστατον δέ, ὅταν κατὰ μαζοῦ αὐτὴν ἕλκωμεν[2]. Man krümmt den Bogen, indem man die Sehne bald bis zum Ohre, bald bis zur Brustwarze zieht; kräftiger fliegt das Geschoß beim Aufzug bis zum Ohre, am schwächsten dann, beim Aufzug bis zur Brustwarze.

Aufzug.

---

[1] Den gleichen Anzug dürfen wir wohl auch für die Hand des Herakles auf dem r. f. Vasenfragment schönen freien Stils bei Ridder Vas peints de la bibl. nat. p. 311, fg. 71, n. 419 in Anspruch nehmen. Einer der Finger ist scheinbar fragmentiert. Nach der Beschreibung Ridders zeigte die Hand den englischen Anzug. Daher gehört auch der Anzug der Artemis auf einem r. f. Vasenbilde aus der Zeit um 470 v. Chr. bei F. R. V. Tf. 115, der des Herakles auf einer weißgrundigen Lekythos mit schw Figuren im Arch. Anzeiger 1892, S. 172, Fg. 184.

[2] Da ein eigentlicher Unterschied zwischen dem Aufzug κατὰ ὠτός und κατὰ τραχήλου nicht besteht, ist dies letztere vermutlich eine spätere Interpolation, zumal da ein vorhergehendes, ihm entsprechendes ποτὲ δὲ κατὰ τραχήλου bereits als Interpolation des Boivin nachgewiesen ist.

Der Aufzug:

I. κατὰ ὠτός, der auf ägyptischen Denkmälern des neuen Reiches erscheint und wohl auf dem Wege über Cypern oder Kreta nach Griechenland kam, läßt sich von der mykenischen Zeit ab auf griechischen Denkmälern nachweisen.

II. κατὰ μαζοῦ. Auf griechischen Denkmälern ist dieser Aufzug mit Sicherheit zum ersten Mal auf Denkmälern geometrischen Stils nachzuweisen. Dieser Aufzug, der im Ägypten des mittleren Reiches gebräuchlich war, kam wahrscheinlich über Kreta nach dem griechischen Festlande [1].

Die Bemerkung des Schriftstellers im 1. Paragraphen des III. Kapitels über das Erzielen eines kräftigen Schusses hat natürlich, wie überhaupt fast alle seine Vorschriften, auch noch heute Geltung: Τὸ ἰσχυρῶς βάλλειν συμβαίνει ἢ διὰ τὸ μὴ σφόδρα ῥᾳδίως κάμπτεσθαι τὸ τόξον ἢ διὰ τὸ μῆκος τοῦ βέλους ἐπὶ πλέον καμπτομένου τοῦ τόξου. Ein kräftiger Schuß gelingt entweder durch eine ziemlich starke Krümmung des Bogens oder durch einen langen Pfeil bei etwas stärkerer Krümmung des Bogens.

Bogen und Bogenschütze in Ägypten.

Prähistorische Zeit. Von den Denkmälern aus ägyptisch-prähistorischer Zeit kommen in Betracht:

---

[1] Porphyrios ad Δ 123 schreibt diesen Aufzug den Kretern zu: τοὺς μὲν Κρῆτας τὴν νευρὰν ἕλκειν ἐπὶ τὸν μαστόν. — I, 10 erzählt der Byzantiner die an den Namen der Amazonen sich knüpfende Sage: Διὸ καὶ τὰς Ἀμαζόνας φασὶ κατὰ τόνδε τὸν τρόπον τὴν νευρὰν ἕλκειν οὐ δυναμένας δι' ἀσθένειαν φύσεως ἐπὶ πλέον κατακάμπτειν τὸ τόξον καὶ διὰ τοῦτο κατατηραζούσας τὸν μαζόν. Deswegen heißt es auch von den Amazonen, sie hätten derart aufgezogen und, da sie aus natürlicher Schwäche den Bogen nicht weiter krümmen konnten, deshalb ihren Busen (natürlich den rechten) weggebrannt.

1. Relief einer Steinvase aus Hierakonpolis: Capart, Les Débuts de l'art égypte p. 99, fg. 66.

Neben verschiedenen wiederholten, gleichen Tierbildern ein Bogen, dessen Einwölbung dem Mittelstück zu so stark ist, daß sie die gestrichelte Sehne berührt. Die Bogenenden der Sehne zu halbkreisförmig zugebogen und zugespitzt.

2. Die gleiche Bogenform auf einer „Schminktafel", deren einer Teil im Louvre[1], der andere im britischen Museum[2] sich befindet. Beide Teile vereinigt, aber wenig deutlich abgebildet Mon. Piot X, p. 112, fg. 5[3].

Jagd auf allerlei Getier wie Löwen, Hasen, Gazellen usw. Unter den mit langen Speeren, Wurfkeulen und Wurfschlinge bewaffneten Jägern 9 Bogenschützen. Einer ist eben im Begriff, abzuschießen. Auf dem Kopfe trägt er kapuzenähnliche Mütze mit Feder, um die Hüften Schurz, von einem Hüftband hängt ein Schwanz herab, an einem über die r. Schulter laufenden Riemen ein im Profil gesehener oblonger Köcher in Unterarmgröße. Ob der Köcher mit Deckel versehen ist, läßt sich mit Bestimmtheit nicht sagen. Jedenfalls sind aus der Köcheröffnung ragende Pfeile nicht sichtbar.

Den Oberkörper etwas vornübergebeugt hält der Schütze mit der Hand des gestreckten l. Armes den Bogen vor, um die Sehne anzuziehen. Der untere Arm des schulterhohen Bogens zeigt ungefähr in der Mitte einige horizontale Striche, die vielleicht Umwicklung andeuten sollen. Der Pfeil in Unterarmgröße mit Schneidespitze[4].

---

[1] Capart Tf. l.

[2] Schurtz, Urgeschichte der Kultur, Leipzig 1900 S. 345 unter dem falschen Titel „Assyrische Jagdszene".

[3] Nach Bissing Denkmäler (im folgenden abgekürzt Bg.-Br.) im Text zu Tf. 2, Anm. 18 gehört diese Tafel zeitlich an die dritte Stelle unter den erhaltenen Schminktafeln.

[4] Pfeilspitzen aus Bergkristall und Feuerstein aus den ersten drei Dynastieen in d. Berliner ägyptologischen Sammlung S. 39.

Ein anderer Schütze hält gleichen Bogen mit der Linken, ein Bündel von drei Pfeilen in der Rechten. Die Pfeile etwa armlang, Spitze schneideförmig, Schaftende mit knollenartiger Verdickung[1] und dreieckigem Kerbausschnitt. Alle übrigen Schützen tragen neben dem Bogen eine Keule.

Altes Reich. Im Grabe 2 von Saniet-el-Meitin, der Zeit der 6. Dynastie, also etwa rund 2500 v. Chr., angehörig, fand sich ein Relief mit der Darstellung einer Bogenwerkstätte: Lepsius Denkmäler II, 108. Drei Arbeiter, jeder auf der r. Wade hockend nach rechts. Der erste Arbeiter von links hält in der Linken, das eine Ende auf dem Boden gestützt, vertikal vor sich einen Bogen und arbeitet mit einer Art Hacke am Bauche des Bogens. Dieser segmentförmige Bogen hat an jedem Ende eine kleine Aufbiegung. Der zweite Arbeiter hat eine Art Stab auf einen vor ihm stehenden Block gelegt, das eine Ende auf dem Boden, und behaut ihn auf der Innenseite. Der dritte Arbeiter hält einen gleichen Stab vertikal vor sich, das eine Ende auf dem Boden und behaut gleichfalls die Innenwölbung des Stabes.

Über jedem Arbeiter, nach ägyptischer Perspektive am Boden liegend gedacht, ein Schnitzmesser, ein oben und unten zugespitzter, ellipsenförmiger Gegenstand, eine Säge (?), ein Topf wahrscheinlich für Farbe.

Vermutlich sind alle drei Bogen einfache Stabbogen. Die Bogenform des ersten Arbeiters ist wohl durch Biegen über Feuer erreicht, eine Kunstfertigkeit, die uns für die Äthiopen von Strabo C 822 bezeugt ist: χρῶνται δὲ καὶ τόξοις Αἰθίοπες τετραπήχεσι ξυλίνοις πεπυρακτωμένοις. Aus Herodot VII, 69 können wir die zur Herstellung von Bogen verwendete Holzart entnehmen: Αἰθίοπες ... τόξα δὲ εἶχον ἐκ φοίνικος σπάθης πεποιημένα μικρά, τετραπηχέων οὐκ ἐλάσσω die Äthiopier hatten fast vier Ellen lange Bogen, die aus einer Latte vom Dattelbaum gefertigt waren.

---

[1] Nach Morse wandten also diese Schützen den primären Anzug an.

Die Stäbe, an denen die beiden anderen Männer arbeiten, geben entweder einfache Segmentbogen ohne Aufbiegung an den Enden oder werden erst noch über Feuer gebogen.

Holzbogen aus der Zeit zwischen dem alten und dem mittleren Reich in der Berliner Sammlung ägyptischer Altertümer: *Die Zeit zwischen dem alten und mittleren Reich.*

1. S. 74, n. 8662. Bogen von 1,53 m Länge, dessen eines Ende fehlt.

2. S. 103, n. 13741. Bogen von etwa 1,70 m Länge.

3. n. 13763. Die Stelle des Bogens, an der der Pfeil auflag, war durch zwei Ringe bezeichnet.

4. n. 13760. Doppelt gekrümmter Bogen mit Resten der Sehne.

Von Pfeilen aus dieser Zeit in Berlin, S. 103: Pfeile aus Rohr, etwa 85 cm lang. Vorne ein Holzstück eingesetzt, das die breite Schneide aus Feuerstein trägt; hinten die Kerbe, über der drei Federn saßen.

Auch im mittleren Reich sind zwei Bogenformen im Gebrauch: *Mittleres Reich. Bogen.*

I. Der Segmentbogen.

Catalogue du Musée du Caire. Sarcophagues antérieurs au nouvel Empire[1] pl. 41, 233[2].

Zwei gleiche Bogendarstellungen in weiß, der angezogene Sehnenteil rot.

II. Der Bogen mit mehr oder minder starker Einwölbung dem Mittelstück zu:

Sarcophagues pl. 41:

1. 230. Zwei gleiche Bogendarstellungen. Bogen rot[3], Sehnen weiß.

---

[1] Im folgenden abgekürzt Sarcophagues.

[2] Dieses wie die folgenden Zitate beziehen sich auf die Realientafeln.

[3] Ebenso n. 28034, 59.

2. 231. Zwei gleiche Bogendarstellungen, Bogen weiß.
3. 232. Zwei gleiche Bogendarstellungen, Bogen gelb.
Noch erhaltene Bogen aus dieser Zeit sind in Berlin n. 10154, 10155.

Sehne. Auch zwei verschiedene Sehnentypen sind zu unterscheiden:

1. Sehne mit einer Öse an einem Ende: Sarcophagues pl. 42, 243, 246. Weiß, der angezogene Sehnenteil rot.
2. Sehne mit je einer Öse an jedem Endteil: Sarcophagues pl. 42, 247, 249. Gelb, der angezogene Sehnenteil rot, Mitte weiß.

Größe des Bogens. Eine Zusammenstellung der Größenverhältnisse des bespannten Bogens gibt Schäfer-Lange.

I. Segmentbogen.
1. 549. Graubraun mit r. Linien. Etwa halbe Schulterhöhe.
2. 550. Etwa schulterhoch.

II. Bogen mit mehr oder minder starker Einwölbung nach dem Mittelstück zu: 551, etwas über mannshoch.

Pfeil. Von Pfeilen erscheinen zwei Sorten:

1. Der Pfeil, dessen Schaftende befiedert, mit dreieckigem Kerbausschnitt. Der Schaft selbst in Abständen mit je zwei umlaufenden Ringen. Schaftende schwarz auf r. Grund: Sarcophagues pl. 42, 237, 239. Pfeilbündel, hier die Federn schwarz, Schaft gelb, Spitze in Schneideform.

Zu diesem Typus gehören die Pfeile in Berlin n. 10154, 10155: Pfeile aus Rohr mit Holzspitzen, an die bei einigen noch dreieckige Stückchen Feuerstein mit der Schneide nach vorne angekittet sind. Befiedert[2].

---

[1] Ebenso 234, hier noch der angezogene Sehnenteil rot.
[2] Herodot VII, 69 erzählt: Αἰθίοπες ... εἶχον καλαμίνους ὀιστοὺς σμικρούς, ἀντὶ δὲ σιδήρου ἐπῆν λίθος ὀξὺς πεποιημένος, τῷ καὶ σφρηγῖδας γλύφουσιν die Äthioper hatten kleine Rohrpfeile, statt Eisen

II. Pfeile am Schaftende mit kolbenartiger Verdickung, an diese angesetzt ein kleines Knötchen mit Kerbe. Augenscheinlich Holz: Sarcophagues pl. 42, 238[1].

Die Größe der Pfeile gibt Schäfer-Lange: Größe der Pfeile.
1. 552. Etwa halb mannshoch.
2. 553. Etwa hüfthoch.

Auch vom Köcher erscheinen zwei verschiedene Arten: Köcher.
1. Oblonger Köcher ohne Deckel in Farben: Sarcophagues pl. 42, 237, 238.
2. Am Boden abgerundeter, scheinbar zylindrischer Köcher ohne Deckel: Bg.-Br. Tf. 33.

Die Größe der Köcher bemißt sich nach der Länge der Pfeile.

Ein Armschutz auf einer Stele bei Schäfer-Lange n. Armschutz.
20 343 (Realientafeln 554). Schütze mit Stab, Bogen und Pfeilbündel nach rechts. Am Gelenk der l. Hand rautenförmiger Armschutz, dessen obere und untere Spitze je an einem Ring sitzt, der um den Arm läuft.

Die Darstellung eines Schützen auf einem Relief aus Aufzug.
Beni-Hassan[2] belehrt uns über den Aufzug: Lepsius II, 132. Jäger mit vorgesetztem l. Fuß schießt aufrecht stehend auf Gazellen. Die Hand des gestreckten l. Armes hält den etwa schulterhohen Bogen, Zeigefinger am Bogen vorgestreckt. Aufzug bis zur r. Brustwarze. Pfeil befiedert. Der gleiche Bildstreifen zeigt auch Bogenschützen zu Fuß als Löwenjäger.

Die im neuen Reich neben dem einfachen Segment- Neues Reich Bogen auf Denkmälern.

---

war ein zugespitzter Stein daran, womit sie auch ihre Siegelringe gravieren. — Doch fanden sich in Daphnä auch eiserne Pfeilspitzen aus dem 6. Jahrhundert, Flinders-Petrie Defenneh pl. XXXVII, 12—16.

[1] Abarten dieses Typus auf einer Stele der 12. Dynastie: Aus Köchern ragende Pfeilenden Bg.-Br. Tf. 33.

[2] Nach Ed. Meyer Gesch. d. Alt. I, S. 241 aus der Zeit vor der 12. Dynastie, also Anfang des 2. Jahrtausends v. Chr.

bogen¹ gebräuchlichen Bogenformen zeigt die Darstellung einer Bogenwerkstätte auf einer Stele der 18. Dynastie, der Regierungszeit Amenophis IV. angehörig, im Louvre: Revue arch. III. (1899), I, p. 237.

Der Meister Nosir-Sahou sitzt links, mit einer Hacke an einem Bogen arbeitend. Rechts von ihm hocken zwei Arbeiter auf Blöcken. Der eine schnitzt an einem oben sich halbkreisförmig krümmenden und unten etwas ausladenden Stab, der andere taucht mit dem Pinsel in einen vor ihm stehenden Topf, in der Linken hält er einen Bogen. Hinter Nosir-Sahou zwei bespannte Bogen; über den beiden Arbeitern d. h. als am Boden liegend gedacht drei weitere Bogen, hinter dem ersten Arbeiter von rechts zwei Gegenstände, in denen Moret die Formen erkennen will, auf denen man die Bogenhölzer wie auf einem Amboß krümmt, nachdem man sie durch Feuer biegsam gemacht hatte.

Die dargestellten Bogenformen sind drei:

1. Der in der Mitte geknickte Bogen (Angularbogen).

Zwei Bogen dieser Form hinter dem Meister, an einem arbeitet er eben. Vielleicht nicht unbeabsichtigt wird gerade dem Meister ein solcher Bogen in die Hand gegeben. Die Sehne dieses letztgenannten Bogens ist noch nicht aufgezogen, woraus ersichtlich, daß dieser Bogen auch in unbespanntem Zustand die gleiche Form zeigt².

2. Bogen mit starker Einwölbung der Mitte zu, an beiden Enden je ein dreieckiger Kerbausschnitt:

---

¹ Lepsius III, 81, g.
² Die Vermutung von Jähns Trutzwaffen S. 301, daß diese „assyrische" Bogenform in Ägypten nicht heimisch geworden zu sein scheint, ist also hinfällig. Es ist die Vermutung nicht abzuweisen, daß die Assyrer diese Bogenform von den geschickten ägyptischen Bogenarbeitern überkommen haben

In Betracht kommen die drei am Boden liegend gedachten Bogen[1].

3. Segmentbogen, an dessen beiden Enden je eine halbkreisförmige, blattförmig endigende Spange gesetzt ist, in der l. Hand des ersten Arbeiters von rechts.

Außer diesen drei Bogenformen erscheint auf einem Relief aus der Zeit Rhamses II. zweimal eine auf den ersten Blick ganz abnorme Bogenform: Rosellini civ. Tf. 68. Das eine Bogenende mit nicht allzu starker Aufbiegung, das andere vom Bogenarm aus geknickt schräg in die Höhe stehend. Beide Enden sind durch die Sehne verbunden, die den Bogen ungefähr am Mittelstück schneidet. Dieser Bogen hat ganz die Form eines schlechten chinesischen Bogens, dessen Sehne zu lang ist[2].

Nach dem Materiale unterscheiden sich die noch erhaltenen Bogen:

Heute noch erhaltene Bogen.

I. Zusammengesetzte Bogen.

1. Der älteste uns erhaltene Bogen dieser Art, aus dem Grabe Amenophis II., in Fragmenten: Catalogue général. Fouilles de la valée des rois [3] pl. XIX. n. 24 120.

Daselbst ausführliche Beschreibung. Wir beschränken uns auf das Notwendigste. Länge der Hauptstücke 72 cm und 37 cm, größter Durchmesser 25 mm, kleinster Durchmesser 22 mm. Der Bogen besteht aus einer harten Holzplatte von 6—7 mm Dicke. Auf und unter dieser eine Hornplatte von gleicher Dicke. Durchschnitt ellipsenförmig. Das Äußere mit farbigen Ornamenten und den Initialen Amenophis II. geschmückt. Den Schmuck erreichte man durch Aufleimen feiner Rindenabschnitte auf das Horn.

---

[1] Bogen gleicher Form, nur an den Enden spitz auslaufend, das Mittelstück und die Mitte der Bogenarme von einem diesen Teilen sich anschmiegenden Gegenstand umgeben: Rosellini civ. 121.

[2] Abbildung eines solchen Bogens im Globus 1906, S. 76.

[3] Im folgenden abgekürzt Fouilles.

2. Berlin n. 4712. Bogen aus der Zeit Rhamses II. Der Querschnitt des Bogens zeigt nebeneinander 3 Holzstäbe, 3 Hornplatten und 2 Schichten von Sehnenmasse, außerdem war er sorgfältig mit Birkenrinde umkleidet. Länge 1,25 m[1].

II. Einfacher Bogen.

Berlin n. 4709: Großer Bogen aus braunem Holz. 19. Dynastie.

Heute noch erhaltene Pfeile.

Heute noch erhaltene Pfeile.

Fouilles n. 24077 f. f., pl. XII. 12 Pfeile aus dem Grabe des Maherpra[2]. Durchschnittslänge 86 cm, Länge des Holzes 25 cm. Die hinteren Teile der Pfeile sind aus Rohr, die vorderen aus einem harten Stück Akazienholz, in das eine konische Spitze von $1/2$ cm eingelassen ist. Die Kerbe von 5 mm Tiefe ist schwarz bemalt. Von ihr ab 12 cm ist das Rohr mit einem sehr schmalen, glänzenden Gegenstand umwickelt, einem in Spiralen aufgerollten Goldschlägerhäutchen gleichend. Auf diesem Teil drei aufgeleimte Federn, deren Fahnen auf 1 cm Länge zugeschnitten sind. Rote und grüne Striche am Pfeilschaft an den Enden der Federn. Die Verbindung von Holz und Rohr wird durch eine Umhüllung von Goldschlägerhäutchen hergestellt, die schwarz bemalt ist, an den Enden durch gelbe Striche hervorgehoben. Die gleiche Verzierung unterhalb der Spitze.

Pfeilspitzen.

Von Pfeilspitzen erscheinen folgende Haupttypen:

I. Noch erhaltene Spitzen.

1. Zwei Holzspitzen in Form einer Keule: Fouilles n. 24087. An Schäften aus Holz und Rohr[3].

---

[1] Genaueres und Abbildung dieses Bogens in d. Ztschrft. f. Ethn. 1893, S. 266 ff. von Luschan: Über einen zusammengesetzten Bogen aus der Zeit Rhamses II.

[2] v. Bissing datierte mir dieses Grab um 1550 v. Chr.

[3] Reimer erwähnt S. 162, daß der Paradiesvogel mit stumpfen, vorne kolbenartig verdickten Pfeilen geschossen wird zur Schonung des kostbaren Gefieders. Die Tiere sollen nur betäubt werden.

2. Holzspitze, die in einen breiten, flachen Teil aus=
läuft, also schneideförmig: Fouilles n. 24088.
 II. Spitzen auf Denkmälern.
  1. Blattförmige Spitze: Descript. de l'Egypte Antiqu.
II, 10 = Bg.=Br. Bild im Text ad Tf. 94, 94a.
  2. Oben und unten ausladende, schneideförmige Spitze:
Prisse d'Avennes pl. 23 = Bg.=Br. Bild im Text ad
Tf. 92 [1].
  3. Rautenförmige Spitze: Jagdbild Ramesses III.
Bg.=Br. Tf. 92.

Aus dem Grabe des Maherpra sind zwei Köcher auf Köcher.
uns gekommen:
  1. Fouilles n. 24071, pl. X. Köcher aus Leder.
Lge. 77 cm; Br. oben 16 cm, unten 17 mm. Der ganze
Köcher aus einem Stück Fell gemacht, dessen Äußeres rot
gefärbt ist. Köcher wie Deckel mit prächtig stilisierten
Blumenornamenten verziert. Deckel oval, mehr breit als hoch.
Riemen zum Umhängen an Ringen. Riemen auch an der
Öffnung [2].
  2. Fouilles n. 24072, pl. X Lederköcher 77 cm hoch,
15 cm breit. Im übrigen ähnlich dem ersten Köcher, nur
einfacher verziert.
  3. Berlin n. 12476. Köcher aus rotem Leder, das
mit Verzierungen aus grünem Leder benäht ist. Der Deckel
ebenso verziert. Aus dem neuen Reich.

Auf Denkmälern tragen die Schützen den Köcher dieser
Form an einem Schulterband an der Seite, der Deckel hängt
dann an einem oder zwei Riemchen herunter: Lepsius III,
127, 166; Bg.=Br. Abb. im Text ad Tf. 94, 94a.

Scheinbar zylindrischen Köcher mit gleichgeformtem

---

[1] Weitere Pfeilspitzenformen bei Wilkinson Manners and
Kostums I, p. 265, n. 35a.
[2] s. auch die genaue Beschreibung in der Originalpublikation.

Deckel, der über die hintere Köcherwand etwas vorkragt, tragen die Krieger auf einem Relief aus dem Tempel Rhamses II. in Theben auf dem Rücken: Lepsius III, 151 [1].

Bogentasche. Das Grab Amenophis II. bewahrte uns Fragmente einer Bogentasche: Fouilles n. 24 121, pl. XIX. Lge. 45 cm, Br. 45 mm. Die Tasche besteht aus kleinen, zusammengeleimten Sykomorenblättchen, die mit präparierter Leinwand zugedeckt sind. Diese sollte die Malerei aufnehmen. Innen ist die Tasche weiß, außen Pflanzenornamente in verschiedenen Farben. Die Gestalt der Tasche folgt der Krümmung des Bogens. Seitlicher Deckel [2].

Armschutz. Zwei Armschützer sind uns aus dem Grabe des Maherpra erhalten: Fouilles n. 24 073, 24 074, pl. X: Jeder Armschutz ist aus zwei gleichen, roten Lederstücken zusammengenäht, das obere Ende durch ein schwarzes Lederstück verlängert. Zwei Riemen, die sich gegenüber der Befestigungsstelle in zwei Arme teilen und am Ende durch eine Schnur verbunden sind, dienen zum Festbinden am Arm. Ungefähre Länge der Riemen 20 cm.

Dargestellt sehen wir diesen Armschutz auf einem Relief am Arm des Thutmoses IV.: Bg.-Br. Abb. im Text ad Tf. 78 (nach Carter).

Bespannen des ägyptischen Bogens. Das Bespannen des ägyptischen
I. Kupidobogens
zeigt das Gemälde aus einem Grabe in Beni-Hassan bei Rosellini civ. 117, 2. Ein Schütze hat das untere Horn des mannshohen Bogens auf die Erde gesetzt, hält mit der Rechten die Mitte des oberen Bogenarmes gefaßt, tritt mit

---

[1] Köcher, scheinbar ohne Deckel auf Bildwerken aus der Zeit Rhamses III.: Bg.-Br. Tf. 91; Rosellini civ. Tf. 79.

[2] s. die Originalpublikation. — Eine Bogentasche am Streitwagen auf einem Relief aus der Zeit Amenophis III. bei Bg.-Br. Tf. 79.

dem einen Fuß ungefähr in die Mitte des unteren Bogen=
armes und befestigt mit der Linken die Sehne am oberen
Bogenhorn.

II. des Segmentbogens.

Der eine Schütze hat das untere Horn eines manns=
hohen Segmentbogens zwischen beide zur Seite gespreizte
Beine gestellt; die Linke hält den Bogen in der Nähe des
oberen Hornes, die Rechte befestigt die Sehne. Ähnlich be=
spannt ein zweiter Schütze im Sitzen seinen Segmentbogen[1].

Ein dritter Schütze hat Segmentbogen auf die l. Schulter
gelegt, Bauch des Bogens nach oben, hält ihn in der Nähe
des oberen Hornes mit der Linken und befestigt die Sehne
mit der Rechten.

Die Fingerhaltung des Schützen auf dem Relief bei *Anzug.*
Lepsius III, 36, b, soll wohl den englischen Anzug dar=
stellen.

Aufgezogen wird bis etwas hinter das r. Ohr. Lepsius III, *Aufzug.*
127 a, 160, 166. Auch das Vorstrecken des l. Zeigefingers
beim Zielen ist noch üblich: Bg.=Br. Bild im Text ad
Tf. 92.

Der Ägypter schießt zu Fuß und vom Wagen herab.

I. In der Schlacht: Bg.=Br. Tf. 79; Lepsius III,
127 a, 154. Bogenschützen neben Schildträger auf dem
Streitwagen: Lepsius III, 160.

II. Auf der Auerochsenjagd: Bg.=Br. Tf. 92.

Auch bei Seeschlachten finden Bogenschützen als Besatzung
der Schiffe Verwendung: Descript. de l'Egypte Antiqu. II,
10 = Bg.=Br. Bild im Text ad Tf. 94, 94a.

Im Anschluß an den ägyptischen Bogen betrachten wir *Bogen u. Köcher der nach Ägyp= ten einwandern= den Asiaten.*

---

[1] Eine Reproduktion dieses wie des im folgenden beschriebenen
Bildes auch bei Wilkinson Manners I, p. 203, n. 32, 33.

den Bogen einwandernder Asiaten[1] auf einem Gemälde aus Beni-Hassan bei Lepsius I, 133: Der bärtige Schütze mit Fransen besetztem Hüftschurz trägt außer dem Bogen noch ein Bumerang. Der Bogen zeigt dem Mittelstück zu starke Einwölbung; die Sehne berührt das Mittelstück des Bogens, da scheinbar der Schütze Mittelstück mit Sehne zusammen gefaßt hält. Der fast schulterhohe Bogen wird vom Mittelstück aus den beiden Enden zu dünner. Bogen wie Sehne braun. Am Rücken trägt der Schütze schmalen, im Profil gesehenen oblongen Köcher mit gleichgeformtem Deckel. In der Mitte und unten am Köcher je zwei horizontal umlaufende, schwarze Bänder. Von gleicher Farbe Deckel und Schulterband. Der übrige Köcher braun[2].

Palästinischer „Haru-Bogen".

In dem bei Wilkinson Manners I., p. 202. n. 30 dargestellten Bogen will W. Müller[3] „den palästinischen Haru-Bogen" erkennen. Auf dem dargestellten, segmentförmigen Bogen an vier Stellen in gleichmäßiger Entfernung je vier Striche. Der Bogen, vom Mittelstück aus den Enden zu dünner werdend, läuft daselbst in eine Art Platte aus, an der je ein kleines Knötchen sitzt zur Befestigung der Sehne. „Wir halten diesen Haru-Bogen für gleich mit dem ‚ehernen Bogen' 2. Sam. 22, 36. Diese Waffe war nämlich keineswegs ganz metallen, sondern durch metallenen Beschlag verstärkt." Diesen Beschlag will Müller auch auf dem ägyptischen Bogen bei Rosellini civ. 121 erkennen. Zum Beweise führt er die Bemalung eines Bogens „mit blauen und roten Streifen" an. Als sonstiges Material vermutet er „das

---

[1] Ed. Meyer hält sie an den Abhdl. d. Berliner Akad. 1906. S. 21 für „semitische Beduinen, welche unter ihrem Häuptling Absa, dem ‚Fürsten des Wüstenlandes' im 6. Jahre Sesostris II. (1901 v. Chr.) in Ägypten einwanderten." cf. auch W. Müller, Asien und Europa S. 38 ff.

[2] cf. auch den Schützen bei Lepsius II, 132.

[3] Asien und Europa S. 304.

Horn des in Syrien ungemein häufigen Steinbocks". Ist auch technisch gegen diese Bogenkonstruktion Müllers, vorausgesetzt, daß er einzelne Lagen von Steinbockhornplatten annimmt, nichts einzuwenden, so bleibt doch immerhin beachtenswert, daß Morgan[1] bei seinen Ausgrabungen in Susa zwei bronzene, segmentförmige Bogen mit kleiner Aufbiegung an jedem Ende fand.

Ein Relief des britischen Museums aus Kujundschik, darstellend eine Schlachtszene aus Asurbanipals arabischem Feldzug, gibt uns Aufschluß über Bogen und Bogenschütze der vorislamischen Beduinen: V. Place, Niniveh et l'Assyrie III; 55, 4. Ein Kamel in gestrecktem Lauf nach rechts. Darauf ein Mann, der es mit dem Stock antreibt; dahinter ein zweiter bärtiger Mann mit langem Haar, der mit rückwärts gewandtem Oberkörper auf assyrische Bogenschützen und Schildträger schießt. Der Araber hält den Bogen mit der Hand des gestreckten l. Armes hinaus, das Mittelstück gegenüber dem Kinn. Er hat halbwegs aufgezogen. Der obere Bogenarm des etwa hüfthohen[2] Bogens läuft nicht segmentförmig, sondern in einer schiefen Ebene aus. Denken wir uns den Bogen in einfach bespanntem Zustand, so liegt die Sehne fast vom Mittelstück ab am oberen Bogenarm an. Vom unteren Bogenarm ab wird der Bogen dem oberen Bogenarm zu immer dünner. Noch heute tragen Stämme auf den nördlichen Andamanen und den neuen Hebriden solche Bogen, die aus einem einfachen Baumzweig hergestellt sind[3]. Nach Jakob[4] waren diese Araber-

Bogen der vorislamischen Beduinen.

---

[1] Délégation en Perse I, p. 107, fg. 107.
[2] Schwarzlose, Waffen der Araber, S. 259, gibt als Bogenlänge drei Unterarme an, was mit unserer Beobachtung so ziemlich übereinstimmt.
[3] Jähns Trutzwaffen Tf. XXXIV, 2, 3.
[4] Das Leben der vorislamischen Beduinen. Berlin 1905, S. 132; zur Sache s. auch Schwarzlose S. 256 ff.

bogen aus dem ungemein harten Holz der Grevia populifolia = Chadara tenax hergestellt. „Zwei Jahre hindurch muß der Greviazweig den Saft seiner Rinde aufsaugen, bevor der Verfertiger den Bogen zu Markte bringt und für ein solches Exemplar drei Mäntel, eine Reisetasche und einen Schlauch mit Bienenhonig fordert." Doch wurden zuweilen auch andere Holzarten verwendet.

Der Araber hat scheinbar alle Finger, ausgenommen den Daumen, über die Bogensehne gelegt; er gebraucht also wohl den englischen Anzug.

Der Pfeil hat nicht ganz halbe Bogenlänge. Die Spitze ist blattförmig, das Schaftende unbefiedert. Wir haben wohl einen Jatrib=Pfeil vor uns, der, nach seinem Fabrikationsort benannt, unbefiedert, mit Kerbe und zu unterst an der Spitze umwunden ist[1]. Die Spitze war mit Schaftzunge versehen und nachdem sie in den Schaft durch Aufstoßen desselben auf die Erde eingerammt war, wurde der Schaft am oberen Ende mit frischer Sehne umwunden[2].

Bogen und Bogenschütze in Mesopotamien.

Die hypothetischen Urbewohner Mesopotamiens, die Sumerer, führten wahrscheinlich den Bogen nicht[3]. Vielleicht daß ihn erst ein von Norden kommender semitischer Stamm mitbrachte. Die auf babylonischen Denkmälern erscheinenden zwei Bogenformen sind:

I. Der Segmentbogen.

---

[1] Schwarzlose S. 290.
[2] Schwarzlose S. 292, 305; derselbe über Köcher und Bogentasche, die auf dem Relief nicht sichtbar sind, S. 280, 305.
[3] Ed. Meyer in den Abhandlungen d. Berl. Akad. 1906 „Sumerier und Semiten" a. a. O. S. 113; Gesch. d. Alt. I, S. 418.

Fragment einer runden, auf beiden Seiten mit Reihen von Kampfszenen geschmückten Siegesstele aus Tello, vielleicht aus der Zeit Sargons, also ca. 2500 v. Chr.: Sarzec Découvertes pl. 5 bis, fg. 3a; Abhdl. d. Berl. Akad. 1906, Tf. IX.

Unter den Kriegern, die zum Teil mit Lanze und Streitaxt bewaffnet sind, drei Bogenschützen. Die Schützen des obersten Streifens, nur mehr an den erhaltenen Köchern kenntlich, in kurzem, kaum bis an die Kniee reichenden Chiton. Der Schütze des zweiten Streifens mit gestreiftem, bis zu den Knöcheln reichendem plaidartigem Gewand, aus dem das l. Bein vom Knie an heraustritt. Der Schütze hält mit der Hand des gestreckten l. Armes den hüfthohen Segmentbogen vor. Im unbespannten Zustand ist der Bogen schulterhoch. Am oberen Bogenhorn ist die Sehne noch einige Millimeter über dieses hinaus verlängert. Aufzug bis zur r. Schulter. Pfeil nicht mehr sichtbar.

Am Rücken ein im Profil gesehener oblonger Köcher, ohne Deckel, etwa hüfthoch, Pfeilenden ragen aus der Öffnung. Vom Köcherboden herab hängt an einem Band eine Kugel, an die ein nach unten sich erweiternder, trichterförmiger Gegenstand angesetzt ist, aus dem heraus ein Haarbüschel quillt[1].

II. Segmentbogen mit je einem horinzontalen Ohr an jedem Ende.

In Susa gefundene, jetzt im Louvre aufbewahrte Naramsinstele[2]: de Morgan, Délégation en Perse I (p. 146, fg. 361), pl. X.

Auf der Höhe des Gebirgpasses Naramsin in über-

---

[1] Die gleiche Köcherform mit Büschel auf den Zylindern: Furtwängler Gemmen I, Tf. 1, 3; Brit. Mus. Guide p. 160.

[2] Zur Datierung der Stele vergl. Ed. Meyer, Gesch. d. Alt. I, S. 475. Weitere Abbildungen: Abhdl. d. Berl. Akad. 1906, Tf. IV; Springer, Kunstgesch. S. 48, Fg. 112.

ragender Größe. Auf dem Kopfe spitz endende Helmkappe mit Nackenschirm und zwei mächtigen Hörnern. Um die Hüften Gurt, von dem aus ein bis zu den Knieen reichendes, schurzähnliches Gewandstück herabfällt. An den Füßen Sandalen, um den Hals lange Kette, am l. Handgelenk ein Ring, wahrscheinlich als Armschutz. In der gesenkten Rechten hält er einen am Schaftende befiederten kurzen Stab[1], in der Linken bespannten Bogen vor die Brust. Bogen etwa hüfthoch. Gleichen Bogen trägt einer der Krieger im Walde. Die Krieger des Fürsten sind gekleidet wie er, doch ohne den Hornhelm. Sie führen abgesehen von dem Bogenschützen Lanzen, kurze Wurfspeere, einige tragen Standarten.

Siegelzylinder des britischen Museums: Furtwängler[2] Gemmen I, Tf. 1, 3; Springer, Kunstgesch. S. 50, Fg. 116.

Semiten auf dem Marsche nach links. An der Spitze des Zuges ein Bogenschütze in voller Rüstung: Kaum bis zu den Knieen reichender Schurz, Schnabelschuhe; in der gesenkten Rechten hält er einen Pfeil, in der Linken den Bogen. Dieser gleicht dem der Naramsinstele. Köcher am Rücken.

Siegelzylinder im Brit. Mus. Guide p. 160.

Mythologische Darstellung. Unter anderem ein Mann mit langem Bart, hohen, spitzen Hut, langen Gewand, Köcher am Rücken, Szepter in der Rechten. In der Linken bespannter Bogen mit sehr großer Wölbung und nur kleinem Ohr an jedem Ende.

Gegen Ende des 2. Jahrtausends erscheint der Segment-

---

[1] Ed. Meyer, Sumerier S. 11, will darin im Hinblick auf eine ähnliche Waffe in den Händen der übrigen Krieger nicht einen Pfeil, wie Morgan, sondern einen Wurfspeer erkennen. Verständlicher ist indes doch, in dem befiederten Stab einen Pfeil zu sehen. Auch kann Meyer am Originale im Ellenbogen des Naramsin nicht, wie Morgan, eine Streitaxt bemerken.

[2] Zur Datierung. Ed. Meyer, Sumerier S. 72.

bogen auf der Stele des Merodach-idin-akhi im Britischen Museum: Perrot-Chipiez, Histoire de l'art II, p. 509, fg. 233.

Der König mit Tiara in langem Festgewand hält in der Linken den etwa schulterhohen Bogen, der nach den Enden zu dicker wird. Sehne um die Enden herumgewickelt. Zwei befiederte Pfeile mit blattförmiger Spitze hält der König in der gesenkten Rechten; Pfeile in $^3/_4$ Bogenlänge. Auf der Brust zwei sich kreuzende Bänder, an denen vielleicht der Köcher hängend zu denken ist.

Der Segmentbogen erscheint ferner auf folgenden handgravierten Zylindern aus dem 2. Jahrtausend[1]:

1. Zylinder aus schwarzem Porphyr: Collection de Clercq I, pl. 29, n. 304.

Ein Mann schießt knieend gegen ein beflügeltes Fabelwesen. Der vollständig aufgezogene Bogen etwa hüfthoch. Aufzug bis etwas hinter das Ohr[2].

2. n. 311: Knieender Schütze, das eine Bein weit vorgestellt, schießt auf ein gehörntes Tier.

Der Segmentbogen mit je einer kleinen Aufbiegung an jedem Ende erscheint auf folgenden, vielleicht dem Ende des 2. Jahrtausends angehörigen Zylindern[3]:

1. Collection de Clercq n. 310.

Schütze zu Wagen, dem ein anderer Schütze zu Fuß entgegenstürmt.

2. n. 369: Aufrecht stehender Schütze schießt gegen einen Pfahl, in dem bereits zwei Pfeile stecken. Ein Pfeil fällt eben zu Boden. Hinter dem Schützen ein kleiner Diener, der zwei Pfeile bereit hält. Die Pfeile befiedert.

---

[1] Die Datierung nach Furtwängler Gemmen III, S. 9.

[2] Ungefähr gleiche Bogengröße und gleichen Aufzug zeigen folgende Zylinder bei Clercq I, n. 305, 310 (der Schütze auf dem Wagen), 311.

[3] Den gleichen Bogen führt der Schütze auf der Sternbildstele aus der Zeit 1120 v. Chr. im Brit. Mus. Guide pl. XXIII.

Der Angularbogen.

Vom 9. Jahrhundert v. Chr. ab begegnen wir auf den Denkmälern Assyriens nicht mehr allzu häufig dem Segmentbogen. Einen bemerkenswerten Bogen dieser Art trägt Istar auf einem Zylinder aus dem Ende des 8. Jahrhunderts: Furtwängler Gemmen I, Tf. 1, 10.

Bogen fast schulterhoch. An jedem Ende als Horn ein kugelförmiger Knopf.

Der Schütze auf einem Relief aus Kujundschik aus der Zeit Assurbanipals: Kleinemann Tf. 60.

Auch dieser Bogen fast schulterhoch. An jedem Ende als Horn ein Schwanenkopf.

Öfter zeigen die assyrischen Bilderwerke den in der Mitte geknickten oder Angularbogen. Alle bisher über diese Bogenform gehegten Vermutungen sind nicht erwiesen[1]. Bemerkenswert ist indes, daß dieser geknickte Bogen auch in unbespanntem Zustand diese Form zeigt[2]. War man bisher geneigt, die Ausbildung dieser Bogenform den Assyrern zuzuschreiben[3] — daher die Bezeichnung „assyrischer" Bogen — so wird man von nun ab diese Behauptung mit mehr Skepsis aufzunehmen haben.

Den Angularbogen zeigen folgende assyrische Denkmäler[4]:

Relief aus Nimrud: Brit. Mus. Guide pl. VI.

Assurnasirpal. Hinter ihm Flügelwesen. Der König hat das untere Horn des schulterhohen, bespannten Bogens auf die Erde gestützt und hält ihn mit der l. Hand am

---

[1] S. darüber Jähns S. 299.

[2] Auf der schon oben erwähnten ägyptischen Stele in der Revue arch. 1899, I, p. 237.

[3] Jähns sagt S. 299, diese Bogenform zuerst „auf den Denkmalen der Assyrer beachtet zu haben".

[4] Von den unzähligen Beispielen können hier natürlich nur einige genannt werden.

oberen Horn. Der Bogen zeigt deutlich die Knickung in der Mitte; die Bogenarme gerade, die Enden ein klein wenig aufgebogen[1].

Oberer Teil des schwarzen Obelisken: Delitzsch, Babel-Bibel III, S. 22.

Salmanassar II. (860—824) Tribut empfangend. Der König hat den etwas über hüfthohen Bogen vor sich auf die Erde gestützt. In der Rechten hält er 2 Pfeile. Hinter ihm Trabanten.

Relief aus Khorsabad aus der Zeit Sargons: Kleinemann Tf. 5 = Springer S. 59, Fig. 136.

Ein Würdenträger, der bespannten Bogen über die l. Schulter gehängt trägt. Die Bogenarme laufen an den Enden in Schwanenköpfe aus. Bogen etwas über hüfthoch.

Die gleiche Bogenform setzt sich dann unter Sanherib und Assurbanipal auf den Reliefs von Kujundschick fort: Place III, 53; 57, 1; 56, 2.

Der Angularbogen scheint ein ganz kolossales Spanngewicht gehabt zu haben; denn, um ihn zu bespannen, mußten zwei Männer, davon der eine mit Anwendung seiner ganzen Manneskraft, sich abmühen, damit die Sehne in das Horn eingehängt werden konnte. Das zeigt ein Relief aus Kujundschik: Rawlinson, Ancient Monarchies I, p. 450.

Bespannen des Angularbogens.

Der eine der beiden Männer, dem naturgemäß die Hauptarbeit zufiel, in kauernder Stellung, mit dem Gesäß auf der r. Wade aufhockend, hat beide Bogenenden mit je einer Hand derart gefaßt, daß die Innenfläche der Hand dem Beschauer zugekehrt ist, stemmt das r. Knie in die Mitte der Bauchseite des Bogens, ohne jedoch dabei den Boden zu berühren, und sucht nun mit beiden Händen die Bogen-

---

[1] Auf einem anderen Relief des 9. Jahrhunderts aus Nimrud bei Layard I, 5 zeigt der Angularbogen des einen Schützen an jedem Ende eine Verdickung mit Kerbe, in der die Sehne liegt.

enden zu beiden Seiten des Knies so weit emporzukrümmen, bis die an einem Bogenende befestigte Sehne in das andere Horn eingehängt werden kann; diese letzte Verrichtung besorgt ein am Kopfende des Bogens stehender Mann.

Der Pfeil. Der assyrische Pfeil mit Spitze mißt durchschnittlich $^3/_4$ der Bogenlänge. Am Ende des Pfeilschaftes, das der Spitze gegenüberliegt, eine Kerbe, in einiger Entfernung davon Befiederung: Kleinemann Tf. 82.

Die rautenförmige, auf den Denkmälern immer wiederkehrende Spitze bestand aus Bronze, mit Tülle, deren sich verjüngende Fortsetzung in der Spitze ausläuft: Layard I; Tf. 96, 15 fragmentierte Bronzespitze aus Nimrud.

Daneben fanden sich noch folgende Arten aus Bronze:
1. Spitzen in Form eines zugespitzten Stiftes;
2. blattförmig;
3. Spitzen mit drei Flügeln[1].

Der Köcher. Der assyrische Bogenschütze trägt den Köcher und auch die Bogentasche am Rücken. Nur den Königen und hohen Würdenträgern folgen Diener, die den Köcher an einem Schulterband an der Seite tragen. Diese Köcher ohne Deckel waren mehr Prunkgegenstände und deshalb oft kunstvoll mit figürlichen Darstellungen verziert[2].

Die Köcher der Krieger waren ihres praktischen Zweckes halber erheblich einfacher. Man kann darunter zwei verschiedene Arten von Köchern unterscheiden:

---

[1] Die genannten Spitzenformen zusammen mit einer Feuersteinspitze aus Nimrud abgebildet: Rawlinson, Ancient Monarchies I, p. 454.

[2] Relief aus Nimrud Layard I, 5; aus Kujundschik: Brit. Mus. Guide XVI = Place III, 57: Assurbanipal und Trabanten. Einer trägt den Prunkköcher, auf dessen oberer Seite eine in einer Kugel endigende Leiste über die Öffnung hinausragt. S. auch Rawlinson I p. 452.

I. Köcher ohne Deckel.

1. Relief aus Nimrud: Meißner Layard Niniveh Tf. 11.

Die Bogenschützen zu Fuß haben an einem Band über der l. Schulter einen armlangen, zylindrischen Köcher mit abgerundetem Boden hängen. Der Köcher ist durch 2—4 horizontal umlaufende Linien in Felder geteilt. Am Rande eines der dargestellten Köcher zwei Ösen, an denen das Schulterband befestigt ist.

2. Relief aus dem Palast Sanherib in Niniveh aus der Zeit um 700:

Ägyptische und Vorderasiatische Altert. Berlin Tf. 78; Springer, Kunstgesch. S. 60, Fg. 138.

Zylindrischer, nach der Öffnung zu sich erweiternder Köcher mit abgerundetem Boden. Unterhalb der Öffnung und oberhalb der Bodenrundung je zwei horizontal umlaufende Bänder. In der Mitte zwei sich schneidende Diagonalen. In ihrem Schnittpunkt ein Ring [1].

3. Relief gleicher Herkunft bei Kleinemann Tf. 60.

Schütze mit oblongem, fast hüfthohen Köcher über der l. Schulter. Der Köcher ist oben und unten durch horizontale Linien in Felder geteilt, in der Mitte scheinbar zwei sich schneidende Diagonalen. Oben sind aus einer seitlichen Öffnung befiederte Pfeilenden sichtbar. Die vordere und hintere Köcherwand reicht bis etwas über die Enden der Pfeile hinaus, scheinbar auch die der sichtbaren Wand entgegengesetzte. Wo die Köcherwände zusammenstoßen, sind noch besondere gedrechselte Leisten zum besseren Zusammenhalt angebracht.

II. Köcher mit Deckel.

1. Schiene vom Tore aus Balawat: Collection de Clercq Tf. 31, 14.

---

[1] Ähnlicher Köcher eines reitenden Knappen auf einem Relief gleicher Herkunft bei Place III, Tf. 53.

Einige der Schützen tragen oblonge Köcher, die durch horizontale Linien in Felder geteilt sind. Der Deckel scheinbar aufgesetzt.

Reliefs aus dem Palast Senacheribs in Kujundschik.

2. Layard II, 45.

Armlanger Köcher mit gleicher Verzierung wie I, 3. Aus der Öffnung quillt eine Palmette. Wohl möglich, daß hier eine perspektivische Verzeichnung anzunehmen ist.

3. Layard II, 34, 38.

Sichtbar ist nur immer der obere Köcherteil. Unterhalb der Öffnung einige horizontale Linien, dann zwei sich schneidende Diagonalen, darauf wieder einige horizontale Linien. Über der Öffnung eine Scheibe mit konzentrischem Kreise, womit wahrscheinlich wieder nach assyrischer Perspektive der Deckel oder dessen Verzierung gezeigt sein soll.

4. Place III, 50.

Drei unbärtige Reiter mit oben eckig abschließenden Köchern. Der scheinbar würfelförmige Deckel ist mit Bändern am Köcher festgebunden, die nach hinten flattern. An jedem Bandende eine kleine Bommel.

5. Layard I, 81.

Der Mann vor dem Wagen trägt einen Köcher in der Form von I, 3 am Rücken. Aus der Öffnung quillt eine Art Tuch oder Leder heraus, das in zwei Zipfeln endigt, an die immer auseinander herauswachsende Quasten befestigt sind. Diese Quastenkette in Köcherlänge.

Köcher am Wagen. Die Schützen zu Wagen haben zwei an der seitlichen Wagenbrüstung sich kreuzende Köcher, in denen sich außer den Pfeilen zuweilen auch noch eine Axt befindet: Kleinemann, Tf. 82, Relief aus Nimrud; Tf. 58—59 Assurnazirbal zu Wagen.

Ein schmaler Eckpfostenköcher erscheint auf folgenden Reliefs aus Kujundschik: Place III, 50 bis, 4; 52, 1; 60, 1 [1].

Die Bogentasche tragen nur die Krieger mit Spitzhelmen am Rücken: *Die Bogentasche.*

1. Relief aus Nimrud: Layard I, 33.

Reiter mit Nebenroß auf der Jagd nach einem Einhorn. Quer über dem Rücken trägt er neben dem Rundschild eine Bogentasche, deren Öffnung abgeschrägt ist. Die Tasche läuft unten spitz zu, sich der Form des Bogens anpassend. Aus der Öffnung ragt nur das Endteil eines scheinbar bespannten Bogens. Die Tasche selbst bestand vielleicht aus einer einfachen Lederhülle.

2. Relief aus Kujundschik: Layard II, 23.

Würdenträger mit Keule in der Linken [2], Schwert an der Seite, Bogentasche über der l. Schulter. Die Tasche läuft unten spitz zu. Die Öffnung ist horizontal. Unterhalb dieser und in einiger Entfernung von der unteren Spitze horizontale Bänder, zwischen denen zwei sich schneidende Diagonalen. Aus der Öffnung ragt ein Bogenarm und befiederte Pfeilenden; die Tasche muß also zuweilen gleich auch die Stelle des Köchers vertreten [3].

Mehrere oblonge Köcher als Raumfüllung, an die scheinbar gleich die Bogentasche angefügt ist, erscheinen auf einer Schiene des Tores von Balawat: Collection de Clercq II, pl. 33, 250 [4].

---

[1] cf. auch im Jahrbuch 1907, S. 170, S. 174.

[2] Über die Keule als Abzeichen der Würdenträger f. Revue arch. 1887 (II), p. 265 f. f.

[3] Ähnliche Bogentasche, aus der nur der Bogen ragt, auf einem Relief aus Kujundschit in Berlin Tf. 77. Weitere Beispiele von Goryt tragenden Männern mit Spitzhelmen bei Kleinemann Tf. 52, 92.

[4] Ist diese Beobachtung richtig, so hätten wir damit die Vorläufer für die Köcher gleicher Form nachgewiesen, wie sie auf griechischen Bildwerken seit der Zeit des später f. f. Vasenstils erscheinen.

Armschutz.

Die auf den Denkmälern bemerkten Arten des Armschutzes sind:

Relief aus Nimrud: Kleinemann Tf. 82.

Zwei auf der Innenseite des l. Unterarmes sich kreuzende, gewölbte Spangen, die unten an einem um den Arm laufenden Reif befestigt sind und oben in einer Rosette ausklingen.

Relief ebendaher: Layard I, 14 [1].

Ein in einer Spitze endigendes Band, das an seinem unteren Ende sich in zwei um den Arm laufende Spangen teilt. Auf dem gleichen Bild trägt der König auch am r. Handgelenk einen Armreif mit einer Rosette [2].

Relief aus Kujundschik: Place III, 53.

Der vorderste der reitenden Schützen trägt Armschutz. Dieser besteht in einer an den beiden Rändern abgerundeten Hülle, die den Unterarm, das untere Glied des Daumens und den Handballen schützt. An den Berührungspunkten beider Ränder je eine oblonge Schließe; von jeder Schließe hängen Bänder mit Bommeln an den Enden weg.

Der assyrische Bogenschütze.

Bei den Assyrern bildete der Bogen mit die Hauptkriegswaffe. Zu Fuß, vom Pferd, vom Wagen, vom Boot aus entsendet der Assyrer seine Pfeile.

Im Kampfe.

Der Schütze trägt außer dem Bogen noch ein Schwert an der Seite. Die verschiedenartigen Verwendungen des Bogenschützen im Kampfe zeigen uns die Darstellungen der Reliefs auf den Palasttoren Salmanassars II. aus Balawat: Billerbeck-Delitzsch, Die Palasttore Salmanassars II., Leipzig 1908 [3].

I. Der Schütze zu Fuß.

---

[1] Eine kleine Variation dieses Typus auf einem Relief ebendaher bei Meißner Layard Fig. 18.

[2] Ebenso der Gazellenjäger auf einem Relief aus Kujundschik bei Place III; 56, 2.

[3] Auch in den Beiträgen zur Assyriologie 1908, S. 1 ff.

Schiene A u 3. Festungsbelagerung. Je ein Bogenschütze mit einem Schildträger gepaart, hinter dessen Schild hervor er schießt.

Schiene J o 4. Festungsbelagerung. Voran ein Mann, der eine mehr als mannshohe, viereckige Setztartsche vor sich gestellt hat, hinter ihm zwei schießende Bogner, dahinter ein Bogenschütze mit Schildträger, hinter diesen ein zweites Paar Bogenschützen. Den Schluß bildet scheinbar der Kommandeur.

Ähnlich Schiene M o 3. Festungsbelagerung. Voran ein Mann mit über mannshoher Setztartsche aus Matten oder Flechtwerk, dahinter zwei lebhaft vorschreitende, gegen die Festung schießende Bogner.

Schiene D u 3. Festungsbelagerung. Die Angriffskolonne ist dargestellt durch vier Gruppen zu 2, 3, 3, 2 Mann in schwerer Rüstung und Spitzhelmen. Das vorderste Paar steht in einem schweren, fahrbaren Mauerbrecher. Alle Bogenschützen, nur der eine Krieger des vordersten Paares ist ein Schwerbewaffneter mit Schild.

II. Schützen zu Pferd.

Schiene G o 2, G o 7. Ins Kampfgetümmel galoppierende Hippotoxoten. Jedes Reiterpaar besteht aus einem Bogenschützen und einem eine kurze Lanze führenden Begleiter, der jenen mit seinem Rundschild deckt (M o 1).

III. Schützen zu Wagen.

Schiene B o 3, 4. Der Bogenschütze auf einem Streitwagen neben dem Lenker.

Schiene H o 5—7. Festungsangriff. Von rechts eine Abteilung Streitwagen, die durch acht in der Ebene langsam fahrende oder haltende Streitwagen repräsentiert wird. Im Wagen neben dem Lenker der Bogner.

Diese Gefechtstaktik der Bogenschützen zu Lande hat sich

vom 9. Jahrhundert ab bis zum Ende der assyrischen Herrschaft erhalten [1].

IV. Schützen auf Booten.

Relief aus Kujundschik in Zenkers Übersetzung von Layards Niniveh and Babylon Tf. XIII. Zahlreiche Boote sind mit vielen schießenden Bognern bemannt.

Über die Haltung des Bogenschützen beim Befehle „still gestanden" belehret uns eine Reliefdarstellung aus Kujundschik:

1. Place III, 51, 1.

Eine Reihe von Schwerbewaffneten mit großen Schilden und Speeren, dahinter Bogenschützen, in der Rechten senkrecht den Bogen vorhaltend, r. Oberarm am Körper anliegend, die l. Hand ist auf das r. Handgelenk gelegt.

Auf der Jagd.   Die Jäger führen den Bogen:

I. Zu Fuß.

Relief aus Khorsabad: Place III, 48, 2.

Ein Mann schießt stehend auf Vögel.

Zylinder ebendaher: Place III, 76, o.

Zwei Männer schießen stehend auf wilde Pferde (?). Einer kniet, das eine Bein weit nach vorne gestellt [3].

Relief aus Kujundschik: Place III, 56, 2.

Auf einer Anhöhe Gazellen, von unten schießt ein knieender Bogner in die Höhe. Hinter ihm ein Knappe mit Köcher und Pfeilen.

II. Zu Pferd.

Bronzeschale aus Nimrud bei Layard II, 65.

---

[1] cf. Kleinemann Tf. 120—123; Tf. 108—109 (hier Lanzen führende Hippotoxoten); Place III, 53 Bogenschütze mit Knappe; Kleinemann Tf. 11.

[2] cf. auch Place III, 62, 1.

[3] cf. die von Pfeilen verwundeten Pferde auf einem Relief aus Kujundschik Place III; 54, 1, 2.

Von einem Pferd ähnlichen Tier schießt mit rückwärts gewandtem Oberkörper ein Mann auf einen Löwen.

III. Zu Wagen auf der Löwenjagd.

Auf derselben Bronzeschale ein Schütze neben Lenker auf einem Wagen, nach einem Löwen zielend.

Relief aus Nimrud: Kleinemann Tf. 82.
Assurnazirbal neben dem Lenker auf dem Wagen.

Relief aus Kujundschik: Place III, 50.
Der König neben dem Lenker auf dem Wagen.

Wie ersichtlich, bediente sich also der Assyrer nur auf der Jagd nach gefährlicheren Tieren des Pferdes oder Wagens.

Bei den Assyrern war der Aufzug bis zur r. Schulter üblich, wie folgende Denkmäler zeigen: *Aufzug.*

Tore von Balawat; Layard I, 14, 18; Kleinemann Tf. 82 [1].

Dabei gebrauchte man den primären Anzug: Layard I, 14, 18; Kleinemann Tf. 98—99; Place III, 48, 2 [2]. *Anzug.*

Der Pfeil wird beim Schießen gewöhnlich so an das Mittelstück gelegt, daß der Pfeilschaft über den Handballen der l. Bogen haltenden Hand hinwegläuft und somit an der l. Seite des Mittelstückes anliegt: Layard I, 14; Kleinemann Tf. 82, 48—49. Auf dem letztgenannten Relief hat der Schütze den Daumen der l. Hand an den Bogenbauch angestemmt [3].

---

[1] Zu den Ausnahmen gehört der reitende Schütze auf der Bronzeschale aus Nimrud bei Layard II, 65, der nur bis zur Brustwarze aufgezogen hat.

[2] Jähns S. 300 postuliert für die Assyrer den englischen Anzug, doch gehört dieser zu den Seltenheiten: Meißners Übersetzung Fig. 11.

[3] Eine Variation das Bogenhaltens auf dem Relief bei Place III, 53.

Bogen und Bogenschütze im hettitischen Kulturkreis.

Bogen. Auf einem Zylinder der Sammlung Arndt etwa aus dem 15. bis 12. Jahrhundert v. Chr. Bogenschütze halbknieend nach rechts, scheinbar in weiten, fast bis zu den Knöcheln reichenden Hosen und nach oben spitz zulaufender Kappe. Die Hand des stumpfwinklig gebogenen l. Armes hält den Bogen am Mittelstück vor. Aufzug bis zur Brustwarze. Angezogene Sehne etwas gewölbt graviert. Bogen hüfthoch. Vom Mittelstück aus nach beiden Seiten Einwölbung, an den Enden kleine Aufbiegung. Beide Bogenarme mit horizontalen Strichen graviert. Die Pfeilspitze scheinbar rautenförmig.

Ein etwa hüfthoher Segmentbogen mit kleiner Aufbiegung an beiden Enden erscheint auf dem

Orthostatrelief aus den Ruinen von Euyuk: Mitt. d. vorderas. Ges. 1908, 3, S. 16, Fg. 23,

Relief bei Maspero, Hist. de l'orient III, p. 37.

Relief bei Heuzey, Origines orientales de l'art pl. 10 = Jahrbuch 1907, S. 152, Fg. 6.

Auf folgenden Orthostatreliefs aus

Sendschirli[1] S. 207, Abb. 99,
„ S. 212, Abb. 102,
„ S. 215, Abb. 108.

Die etwas jüngeren Denkmäler zeigen den Angularbogen:

Der „Karabel" in Rumphio: Revue arch. 1885, p. 302, fg. 5. Bespannter Bogen hüfthoch.

---

[1] Auf diesen Reliefs aus dem 9. bis 8. Jahrh. v. Chr. lassen sich zwar bei ihrem zum Teil stark verwitterten Zustand Einzelheiten nicht mehr scharf erkennen, doch dürfen wir auch sie wohl an dieser Stelle einreihen.

Relief aus Sendschirli aus der Zeit um 730 v. Chr. in der Festschrift f. Benndorf Tf. X: Bespannter Bogen nicht ganz hüfthoch mit Schwanenköpfen als Enden.

Der Pfeil durchschnittlich in Bogengröße, die Spitze mit zwei Widerhaken[1], das Schaftende befiedert[2]. *Pfeil.*

Die hettitischen Bogenschützen erscheinen: *Der hettitische Bogen.*
I. zu Fuß.

In knieender Haltung auf dem Orthostat aus Euyuk: Mitt. d. vorderas. Ges. 1908, 3, S. 16, Fg. 23: Schütze in kurzem Leibrock nach links schießt auf einen gegenüber stehenden Eber. Finger der Bogen haltenden Hand vorgestreckt. Unter dieser Darstellung eine zweite: Scheinbar die nämliche Person, in gleicher Haltung, diesmal auf einen großen Hirsch zielend, der zu fliehen scheint. Die Figur selbst zerstört, sichtbar nur mehr lange, schmale Pfeilspitze mit zwei Widerhaken.

In halbknieender Stellung auf den Orthostaten aus Sendschirli

S. 207, Abb. 99. Bogenschütze barhäuptig nach rechts mit kurzem, scheinbar ausgebogten, eng anliegenden Chiton. Breiter Gurt über den Hüften, „von dessen unterem Rand eine Quaste bis nahe an den Rocksaum herabhängt." Am Gürtel scheinbar ein Schwert. Am Rücken erscheint unter dem r. Arm ein Stück eines zylindrischen Gegenstandes, der gleichfalls am Gurt befestigt scheint. Vermutlich ist es ein Köcher. Die Unbeholfenheit des Künstlers zeigt vor allem die Darstellung der Sehne. Ihr oberer Teil ist nämlich „nach oben ausgebogen, vermutlich, damit sie nicht über das Gesicht und das Auge zu liegen kommt[3]."

[1] Deutlich auf dem Orthostat aus Euyuk.
[2] Noch kenntlich auf dem Orthostatrelief aus Sendschirli S. 215, Abb. 108.
[3] Dasselbe auf folgenden Denkmälern: Sendschirli S. 215, Abb. 108; S. 212, Abb. 102.

An- und Aufzug. Einige von den anziehenden Fingern liegen über der Sehne. Aufzug bis etwas hinter das Ohr, unterhalb desselben [1].

S. 215, Abb. 108. Nach rechts gewandter Bogenschütze. Kurzer Leibrock, sehr breiter Gürtel, daran großes Schwert.

Von den jüngeren Reliefs kommen in Betracht:

Der „Karabel" von Nymphio: Revue arch. 1885, p. 302, fg. 5.

Mann weitausschreitend nach rechts, spitzen Hut, kurzen Leibrock, Schnabelschuhe. In der Linken die Lanze, auf der r. Achsel hängt der Bogen, Sehne am Rücken.

Relief aus Sendschirli bei Benndorf Tf. X.

Unbärtiger, barhäuptiger Mann in langem Leibrock. Am Rücken scheinbar zylinderischer Köcher ohne Deckel. Aus der Öffnung ragen befiederte Pfeilenden. Vom oberen Köcherteil hängt an einem dick geflochtenen Seil eine große Quaste herab. Um den oberen und unteren Köcherrand ein umlaufendes Ornamentband mit Rautenmustern. Die Mitte des Köchers von zwei sich kreuzenden Diagonalen gefüllt, in ihrem Schnittpunkt Rosette. Bogen über der l. Achsel hängend, Sehne vorne. In der Rechten hält der Schütze zwei, vorne einfach spitz zulaufende, befiederte, am Ende mit Kerbe versehene Pfeile vor. Die Befiederung schließen oben zwei um den Schaft laufende Ringe ab. In der gesenkten Linken ein Gegenstand in dem Luschan Fingerhelme (engl. tips) erkennen will. In dem plattenförmigen Gerät, oben mit quadratem Ausschnitt erkennt Jähns S. 300 „eine Vorrichtung, die mit der Linken an den Bogengriff angehalten wurde und so ge-

---

[1] Der gleiche Aufzug: Mitt. d. vord. Ges. 1908, 3, S. 16, Fg. 23; Maspero Hist. III, p. 37 hier sogar noch etwas weiter; Jahrbuch 1907, S. 152, Fg. 6; Sendschirli S. 212, Abb. 102; S. 215, Abb. 108; Humann-Puchstein, Reisen in Kleinasien und Nordsyrien Tf. 46.

stattete, einen kurzen Pfeil noch weiter zurückzuziehen als der Abstand zwischen Griff und Schnur beträgt." Der letztgenannte Gegenstand könnte indes vielleicht auch einen im Profil gesehenen Armschutz vorstellen.

II. zu Wagen,

A. im Kriegsfalle.

Sendschirli S. 212, Abb. 102. Aufrecht stehender Schütze rechts vom Wagenlenker, eben im Begriff, abzuschießen. Der Schütze barhäuptig mit eng anliegendem, kurzärmligen Leibrock. An der seitlichen Wagenbrüstung zwei sich kreuzende Köcher[1]. Unter den Rossen ein vor einem Pfeil getroffener Mann.

B. auf der Jagd

a) nach Löwen.

Relief bei Maspero III, p. 37. Schütze in gleichem Gewand wie vorher, rechts vom Lenker, eben im Begriffe, abzuschießen, dabei etwas über die Wagenbrüstung gebeugt. An der seitlichen Wagenbrüstung zwei sich kreuzende Köcher.

Relief von Saktsche-Gözü in Berlin bei Humann-Puchstein Tf. 46.

Aufrecht stehender Schütze schießt hinter der l. Rückenseite des Lenkers vor. An den seitlichen Wagenbrüstungen schräg je ein Köcher. Vor dem Gefährt ein Mann mit dem Beil ausholend, in der Linken Speer. Vor diesem Jäger Löwe, in dessen Kopf ein anderer Jäger den Speer stößt.

b) nach Hirsche.

Relief bei Heuzey Origines pl. 10 = Jahrbuch 1907, S. 152, Fg. 6.

Auf einem Wagen steht aufrecht rechts vom Wagenlenker ein Bogenschütze, im Begriff abzuschießen. An der seitlichen Wagenbrüstung zwei sich kreuzende Köcher.

---

[1] Ebenso auf dem Relief: Jahrbuch 1907, S. 153, Fg. 9.

Bogen und Bogenschütze in Persien.

Die auf persischen Denkmälern erscheinenden Bogenformen sind:

I. Segmentbogen.

Sogenannte Dareikenmünzen. Darius I. (521—485) tief niedergebeugt, Speer rechts geschultert, mit der Linken den etwa hüfthohen Bogen vorhaltend: Babelon, Monnaies grecques pl. I, 2, 3, 22.

II. Segmentbogen mit Aufbiegung an jedem Ende. Persischer Zylinder des 6. Jahrhunderts: Clercq I, 34, u. 384. König mit Speerträger. Bespannter Bogen in Schulterhöhe[1].

Relief im Brit. Mus. Guide pl. 29: Darius werden Gefangene vorgeführt. Bespannter Bogen etwa hüfthoch.

Glasierter Ziegelfries aus dem Palast Artaxerxes II. (405—359) in Susa: J. Dieulafoy, A Suse p. 259, Springer, Kunstgeschichte Tf. 3. Fast so groß wie der vorher genannte Bogen.

III. Segmentbogen mit einem Schwanenkopf an jedem Ende als Horn.

Münze des Artaxerxes II. mit Darstellung dieses Königs: Babelon, Monnaies pl. II, 10.

IV. Angularbogen.

Münze des Artaxerxes I. (465—425). Bogen etwa hüfthoch. Als Hörner Schwanenköpfe (?): Babelon, Monnaies pl. I, 23.

V. Skythenbogen.

Diese Bogenform erscheint auf den in Betracht kommenden Denkmälern nicht vor dem 5. Jahrhundert. Der Bogen selbst

---

[1] Die gleiche Bogenform in angezogenem Zustand zeigen folgende persische Zylinder des 6. Jahrhunderts: Micali, Mon. ined. I, 17; Achatzylinder der Sammlung Arndt; Münchener Stud. S. 359, Abb. 53.

ist kaum hüfthoch auf den persisch-griechischen Steinen: Furtwängler Gemmen I, Tf. 11, 8; Tf. 12, 13; sehr fein ausgeführtes fünfseitiges Karneolprisma der Sammlung Arndt.

Der Pfeil, etwa in ³/₄ Bogengröße, am Schaftende be= fiedert, die Kerbe in Form einer kleinen Gabelung, Spitze scheinbar rautenförmig auf einem Zylinder mit der Darstellung Darius I. (521—485) Furtwängler Gemmen I, Tf. 1, 11 [1].

Pfeil.

Die Köcher scheiden sich in solche
I. ohne Deckel.

Köcher.

Zylindrischer Köcher mit abgerundetem Boden auf Zylin= dern des 6. Jahrhunderts:

Clercq I, 34, n. 384. König und Speerträger. Köcher etwa in halber Armlänge. Vertikal am Köcher ist der be= spannte Bogen befestigt.

Achatzylinder der Sammlung Arndt: König auf der Löwen= jagd. Köcher etwa armlang [2].

Im Profil oblonger Köcher, mit flachem Boden, von einer Diagonale durchquert, von der Rückseite des Köchers hängen an Schnüren Trobbeln herab.

Zylinder bei Furtwängler Gemmen III, S. 119, Darius einen Rebellen züchtigend. Aus der Köcheröffnung ragt neben Pfeilenden ein Bogenarm.

II. mit Deckel.

Zylindrischer Köcher mit flachem Deckel, der mittelst Ösen und Schnüren am Köcher befestigt ist. An den hinten runter= hängenden Schnüren hängen kleine Bommeln. Ihn tragen

---

[1] Im übrigen s. die in Persien gefundenen Stein= und Bronze= spitzen bei Morgan, Mission scientifique en Perse fg. 76.

[2] Diese Köcherform tragen wohl auch die Perser auf dem etwa gleichzeitigen Zylinder bei Micali, Mon. ined. 1, 17. Der über die Köcher hinaustragende Gegenstand findet sich wieder auf der Gemme bei Furtwängler III, S. 121, Fg. 82.

die einen der Schützen auf dem Baldachin des Xerxes (485—465): Flandin et Coste, Perse ancienne pl. 155 = Perr.-Chip. V. p. 716.

Die „Unsterblichen" auf dem Bogenschützenfries in Susa: J. Dieulafoy, A Suse p. 295; Springer, Kunstg. Tf. 3.

Bogentasche. Während wir im 6. Jahrhundert den Bogen noch am Köcher befestigt sahen[1], erscheint im 5. Jahrhundert die Bogentasche: Baldachin des Xerxes, Perse ancienne pl. 154 = Perr.-Chip. V, p. 716. Die einen von den Schützen tragen Bogentaschen an der Seite. Über die abgeschrägte Öffnung ragt oben ein schmaler, etwas gebogener, oben kreisförmig abschließender Teil vor. Die eine Taschenwand ist der anderen am Ende zugeschweift[2].

Die skythisch Köcherform, wie wir sie im letzten Kapitel der Arbeit beschreiben, auf einer Münze aus der zweiten Hälfte des 5. Jahrhunderts, darstellend den König von Cilicien, an einem Pfeil herabvisierend: Babelon, Monnaies pl. III, 8.

Tragen des Köchers und des Goryts. Während der Köcher immer am Rücken getragen wird, erscheint die Bogentasche, wie schon erwähnt, an der Seite. Bei Schützen zu Wagen sehen wir an der seitlichen Wagenbrüstung zwei sich kreuzende Köcher[3].

Gebrauch des Bogens. Der Perser gebraucht den Bogen:

I. im Kampf zu Fuß.

Pers. Zylinder des 6. Jahrhunderts: Micali, Mon. ined. I, 17. Kampf zwischen zwei Persern und zwei Skythen. Der eine Perser schießt eben seinen Bogen ab.

B. auf der Jagd

teils zu Fuß: Achatzylinder der Sammlung Arndt (6. Jahrh.). Der König eben im Begriff, einen sich aufstellenden Löwen zu schießen.

---

[1] Clercq I, 34, n. 384.
[2] Die gleiche Form auf dem Basrelief aus Persepolis: Perse ancienne pl. 155 — Perr.-Chip. V, p. 798.
[3] Furtwängler Gemmen I, Tf. 1, 11.

Frühpersischer (?) Zylinder in d. Münchener Stud. S. 359, Abb. 53: Der König schießt laufend einen Pfeil auf gehörnte Tiere ab.

teils zu Wagen: Pers. Zylinder bei Furtwängler I, Tf. 1, 11. Dairus I. schießt vom Wagen auf einen Löwen.

teils zu Pferd: Pers.-griech. Stein bei Furtwängler I, Tf. 11, 8. Reitender Perser auf einen Steinbock schießend.

Außerdem trägt der König den Bogen auch bei feierlichen Staatsaktionen bei sich: Relief im Brit. Mus. Guide pl. 29. Darius werden Gefangene vorgeführt. Er hat seinen Bogen vor sich auf die Erde gestützt. Hinter Darius zwei Trabanten, der eine mit Bogen und Köcher, der andere mit Speer.

Während den Anzug die Denkmäler wenig deutlich wiedergaben, erscheint durchweg der Aufzug bis zur Achsel[1]. *Aufzug.*

Ägypter, Assyrer, Hettiter und Perser führten, wie wir gesehen haben, als hauptsächlichste Kriegs- und Jagdwaffe den Bogen. Bei Assyrern und Persern trägt ihn der König auch als Zeichen seiner Macht bei feierlichen Zeremonien. Als Meister der Bogenverfertigung lernten wir besonders die Ägypter kennen. So glaubten wir auch, daß der Angularbogen von den Ägyptern etwa im 9. Jahrhundert zu den Assyrern und von da aus erst zu den Hettitern und Persern gekommen sei. Assyrer und Perser führten den Bogen sowohl zu Wagen als zu Pferd. Ägyptische und hettitische Bogenschützen bedienten sich mit Vorliebe des Wagens. Während Ägypter und Hettiter vorzüglich den englischen Anzug ausbildeten, gebrauchten die Assyrer zumeist den primären Anzug. Der Aufzug schwankt zwischen dem bis zum Ohr und Schulter. *Zusammenfassung.*

Neben dem Bogen scheinen besonders auch die Ägypter

---

[1] Ungewöhnlich der Aufzug mit der l. Hand auf dem Abklatsch der Steine: Furtwängler, Gemmen I, Tf. 11, 8; Achatzylinder der Sammlung Arndt, König auf der Löwenjagd.

alle sonstigen zur Bogenhandhabung nötigen Gerätschaften wie Köcher, Bogentasche, Armschutz aufs praktischste hergestellt zu haben.

Kurz: Die genannten östlichen Völker waren so recht die Bogenschützen im eigentlichsten Sinn des Wortes, so daß sich die Griechen keine besseren Lehrmeister wünschen konnten.

Bogen und Bogenschütze im griechisch-mykenischen Kulturkreis.

Auf dem griechischen Festlande.

Bogen.

I. Der Segmentbogen.

Eingelegte Dolchklinge aus dem 4. Schachtgrabe. Tsountas-Manatt: The Mycenaean age p. 201, fg. 89; Reichel, Hom. Waff.² S. 1, Fg. 1; Springer, Kunstgesch. Tf. IV, 2 b.

Unter den auf die Löwen einstürmenden und mit mächtigen Schilden ausgerüsteten Lanzenwerfern als zweiter von links ein laufender Bogenschütze in Hüftschurz. Er hält mit der Hand des gestreckten l. Armes den etwa hüfthohen Bogen hinaus und hat die Sehne halbwegs aufgezogen.

Gravierter Goldring aus demselben Grabe: Furtwängler Gemmen I, Tf. 2, 8.

Auf einem von zwei galoppierenden Rossen gezogenen Wagen ein Lenker, daneben ein Bogenschütze auf einen Hirsch schießend. Eigentümlicherweise hält der etwas über die Wagenbrüstung vorgebeugte Schütze mit der Hand des gestreckten r. Armes den Bogen hinaus[1]. Der etwa hüfthohe Bogen zeigt deutlich zu beiden Seiten der haltenden Hand je einen wulstartigen Ring, der das Mittelstück charakterisieren soll. Der untere Bogenarm ist etwas länger als der obere.

---

[1] Ebenso das Weib auf dem Karneol aus Kreta: Furtwängler Gemmen I, Tf. 2, 24.

II. Der dem Mittelstück zu wenig eingewölbte Bogen erscheint auf dem Fragment einer Silberschale aus demselben Grabe: Ἐφ. ἀρχ. 1891, πιν. 2, 2; Reichel, Hom. Waff.² S. 13, Fg. 17.

Die Verteidiger einer Festung, die durch Mauern im Hintergrunde angedeutet ist, bestehen aus Schleuderern, hinter denen drei Bogenschützen[1]. Daneben bärtige Männer mit Chitonen oder Schilden. Die nackten Schützen haben ein Bein weit nach vorne gestellt, das andere tief gebeugt. Der l. Arm, dessen Hand den Bogen hält, ist gestreckt. Der vordere Schütze hält den Bogen mehr gesenkt, der hintere mehr erhoben. Beide Schützen haben halbwegs aufgezogen. Der Bogen des vorderen Schützen etwas über hüfthoch, der des hinteren etwas kleiner und segmentförmig. Nur der Bogen des ersten Schützen mit schwacher Einwölbung am Mittelstück. Pfeile nicht sichtbar. Bemerkenswert erscheint noch, daß am Boden neben zahlreichen Steinen bumerangähnliche Gegenstände liegen.

Den Pfeil lernen wir aus folgenden Denkmälern kennen: *Der Pfeil.*
Roter Jaspis aus Vaphio im athenischen Nationalmuseum: Furtwängler Gemmen I, Tf. 3, 43. Steinbock, von einem Pfeil im Bauch getroffen, bricht im Laufe zusammen; dahinter Baum. Der Pfeil zeigt deutlich in einiger Entfernung vom Schaftende Besiederung, die Spitze zwei Widerhaken.

Pfeilspitzen: Schliemann Mykenä S. 313, n. 435. Im *Pfeilspitzen:*

---

[1] Von dem dritten Schützen ist nur eine vortretende Wade, ein spitzwinklig gebogener Arm, dessen Hand den Bogen am Mittelstück gefaßt hält, sichtbar. Vom Bogen selbst ist nur der ganze untere Bogenarm mit dazugehöriger Sehne und der dem Mittelstück zunächst liegende Teil des oberen Bogenarmes erhalten. Der Bogen scheinbar segmentförmig.

aus Stein. 4. Schachtgrabe fand[1] Schliemann 35 Pfeilspitzen aus Obsidian[2], ein Beweis, daß selbst in einer so fortgeschrittenen Bronzezeit noch steinerne Spitzen gerne gebraucht wurden[3]. Unter diesen Steinspitzen scheiden sich deutlich zwei Haupttypen:

a) Die einfach blattförmige Spitze mit abgerundeter Basis.

b) Die am häufigsten erscheinende Form ist die eines gleichschenkligen Dreiecks mit einem halbmondförmigen Ausschnitt an der Basis.

aus Bronze. Ἐφ. ἀρχ. 1888, πιν. 9; 22, 23. Tsountas berichtet, daß er bei seinen Ausgrabungen in einem Kuppelgrab am Löwentor in Mykenä fünf Bronzepfeilspitzen fand, die sich wiederum in zwei Haupttypen scheiden:

1. n. 22, von dem sich nur 1 Exemplar fand, bildet ein langgestrecktes, gleichschenkliges Dreieck mit einem fast bis zur Mitte der Spitze reichenden, ebenfalls gleichschenklig-dreieckigen Ausschnitt an der Basis.

2. n. 23. Die gleiche Form wie n. 22, nur mit Schaftzunge, die am Ende einen kleinen, dreieckigen Ausschnitt zeigt.

Die Pfeilschäfte aus Holz waren in zwei Bündel gebunden. Evans will in ihnen Jagdpfeile erkennen, die Votivgegenstände darstellen[4].

„Kuppelgrab von Menidi": Bronzespitzen.

a) n. 22 im Typus der im vorhergehenden unter 1. angeführten Spitzen.

---

[1] Weitere Funde S. 85, n. 126; S. 149.
[2] Über den Grund, weshalb die Griechen gerade dieser Steinart den Vorzug gaben Chr. Blinkenberg, Archäologische Studien S. 5 ff.
[3] Der Grund dafür ist darin zu sehen, daß ihr Verlust nach dem Abschusse weniger empfindlich war als der der kostbareren Bronzespitzen.
[4] Annual 1903,04 (X) p. 61.

b) n. 10, 11 im Typus der im vorhergehenden unter 2. angeführten Spitzen.

Daß in den fünf ersten Ansiedlungen, die noch keine mykenischen Einflüsse aufweisen, der Bogen eine Rolle spielte, beweisen folgende Fundgegenstände: *In Troja.*

I. Pfeilspitzen in Form eines Stiftes: *Pfeilspitzen:*

1. Schliemann Ilios S. 564, n. 931, 933, 942, 944, 946. Hubert Schmidt, Trojanische Altertümer S. 249, n. 6162—6166. Gleichgeformte Bronzespitzen aus der 2.—5. Stadt. Schmidt beschreibt sie so: 5 Pfeilspitzen oder Pfriemen (?) aus Bronze[1]. Gr. Lge. 0,040—0,090; gr. Br. 0,005—0,007. Man unterscheidet zwei Teile, die ungefähr gleich lang sind und nach unten hin sich verjüngen. Im Querschnitt sind entweder beide vierkantig oder der eine rund, der andere vierkantig; nur ein Ende ist spitz, das andere breit oder stumpf. Bei n. 6166 ist der Teil mit dem spitzen Ende mehr als dreimal so lang wie der andere. n. 6167 a—d: 4 Bruchstücke von Pfeilspitzen wie n. 6162 f. f.; gr. Lge. 0,041—0,077. *aus Bronze.*

Ähnliche Bronzespitzen aus der 4. Stadt bei Schliemann Ilios n. 1244, 1245, 1247.

2. Schmidt S. 270, n. 6904. Pfeilspitzen (?) aus Quarzit, wie die rohen Steingeräte und Waffen zugeschlagen. gr. Lge. 0,040; gr. Br. 0,020. Aus der 2.—5. Ansiedlung. *aus Stein.*

II. Armschutzplatten. *Armschutzplatten.*

A. Ellipsenförmig.

Schmidt S. 270, n. 6902: Ellipsenförmig gearbeitete Tongefäßscherbe mit je 2 Durchbohrungen an den Enden. gr. Lge. 0,065; gr. Br. 0,045. Diese wie die folgende Platte aus der 2.—5. Ansiedlung.

---

[1] Schliemann Ilios S. 283, Fg. 111 eine gleichgeformte Kupferspitze aus der 1. Stadt (?).

B. Oblonge Form.

1. Schmidt n. 6903. Rechteckige, oblonge Platte aus einem Eberzahn geschnitzt, mit je 2 Durchbohrungen an den kurzen Seiten. gr. Lge. 0,034; gr. Br. 0,014[1].

2. Schliemann Ilios S. 632, n. 1257 = Schmidt S. 285, n. 7698. Längliche, rechteckige, an den Längsseiten ein wenig eingezogene Platte aus Knochen, einseitig geglättet; an der einen kurzen Seite drei Löcher, an der anderen eines. gr. Lge. 0,075; gr. Br. 0,036. Aus der 4. Ansiedlung.

Die 4. Schicht von oben, also die 6. Ansiedlung, kommt erst für die mykenische Zeit in Betracht. Gefunden wurden Pfeilspitzen

1. ohne Schaftzunge.

Schliemann Ilios S. 675, n. 1422 = Schmidt S. 256, n. 6451. Spitze flach aus Bronze mit zwei Widerhaken, ohne Schaftzunge, mit dreieckigem Ausschnitt an der Basis. In der Mitte sind zwei Paar Löcher zum Befestigen der Spitze angebracht. Der Schaft muß also hier über die Platte der Spitze weggreifen. gr. Lge. 0,054; gr. Br. 0,020. Es ist die gleiche Spitze, die wir gleichzeitig in Mykenä und Attika fanden.

2. mit Schaftzunge.

Schmidt S. 256, n. 6448—6450: 3 Spitzen aus Bronze, ganz so wie Schliemann eine in der 3. Stadt gefunden zu haben glaubte[2]. gr. Lge. 0,049—0,053; gr. Br. 0,023—0,027.

Der Vollständigkeit halber fügen wir hier gleich auch

---

[1] Eine ähnliche, an den 4 Ecken mit Löchern versehene vormykenische Marmorplatte aus Amorgos im Annual 1896/97, pl. V, 4, p. 67.

[2] Schliemann Ilios S. 484, n. 955 beschreibt diese Spitze: Pfeilspitze aus Bronze, flach, mit 2 Widerhaken und nach unten sich verbreiternder Schaftzunge.

die aus der 7.—9. Ansiedlung stammenden auf den Bogen bezüglichen Gegenstände an:

Schliemann Ilios S. 484, n. 604 = Schmidt S. 268, n. 6773. Bruchstück einer zweiteiligen Gußform aus Glimmerschiefer für Pfeilspitzen mit einem Stiftloch. Die Form für drei Spitzen noch erhalten. Sie sind herzblattförmig mit zylindrischer Tülle, deren sich verjüngende Fortsetzung in der Spitze ausläuft. gr. Lge. 0,075; gr. Br. 0,050.

Die Pfeilspitzen aus diesen Ansiedlungen sind
I. aus Knochen und Geweih.

Schmidt S. 270, n. 6905—6909: 5 Pfeilspitzen aus Geweih und Knochen mit Schaftloch; auch n. 6905 ist quer durchbohrt zum Befestigen des Schaftes. gr. Lge. 0,034 bis 0,096 [1].

II. aus Bronze.
A. mit Widerhaken und Schaftzunge.

Schmidt S. 260, n. 6534, 6535: 2 Pfeilspitzen mit 2 Widerhaken, Mittelgrat, Schäftungszunge und Schäftungsangel. gr. Lge. 0,079—0,099; gr. Br. 0,018.

Schmidt S. 261, n. 6536, 6537: Zwei Bruchstücke von Pfeilspitzen desselben Typus wie die vorhergehenden. gr. Lge. 0,064—0,068.

B. Ohne Widerhaken und mit Schafttülle.

Schmidt S. 261, n. 6538. Blattförmige Pfeilspitze mit Mittelgrat und Schafttülle. gr. Lge. 0,050; gr. Br. 0,016.

Schmidt S. 261, n. 6539: Lange und schmale Spitze. gr. Lge. 0,055; gr. Br. 0,012.

Erst aus der 9. Ansiedlung kamen eiserne Spitzen zu Tage:

---

[1] Schmidt n. 6920: Pfeilspitze aus Geweih mit Widerhaken. gr. Lge. 0,103. Nicht datierbar.

Schmidt S. 259, n. 6502. Blattförmige Spitze mit Schäftungsangel. Die Spitze setzt am Schaft mit einem scharfkantigen Ring ab. gr. Lge. 0,104; gr. Br. 0,024.

Schmidt n. 6503. Spitze mit drei Flügeln und Schäftungsangel. gr. Lge. 0,078; gr. Br. 0,016.

Auch zwei Spannringe zum Anziehen der Sehne fanden sich[1].

Schmidt S. 261, n. 6540. Spannring aus Bronze mit nach außen gerichtetem, fingerförmigen Ansatzstück. Durchmesser 0,023 × 0,039.

Schmidt n. 6541. Spannring aus Bronze mit dreieckiger Erweiterung des oberen Teils. Auf dieser sind feine Punkte eingeschlagen. Durchmesser 0,023 × 0,031.

Auf einem Terrakotatäfelchen aus der 9. Ansiedlung Darstellung eines Köchers:

Schliemann Ilios n. 1462. Köcher zylindrisch, um die Mitte läuft ein abgesetzter, horizontaler Streifen, an der Öffnung und vom Köcherboden aus tellerförmig ausladend. Halbkugelförmiger Deckel, auf dem eine kleine Kugel als Handhabe sitzt. Am Köcher breites Tragband.

Auf Kreta. Aussehen des Bogens. Die auf den Bogen bezüglichen Denkmäler mykenischer Zeit aus Kreta zeigen deutlich drei verschiedene Bogenformen:

I. Der segmentförmige Bogen.

Steatit-Relieffragment aus dem Nordwestpalast von Knossos: Annual 1900/01 (VII), p. 44.

Ein bärtiger Mann mit Phallosschutz und kapuzenartiger Mütze nach links. Seine Beinstellung gleicht der der Schützen auf dem Silberbecherfragment aus Mykenä, auch sein Aufzug stimmt mit dem dieser Schützen, insbesondere des zweiten, überein. Bogen wahrscheinlich schulterhoch.

---

[1] Diese Ringe setzen einen dem mongolischen ähnlichen Anzug voraus.

II. Der Bogen mit eingewölbtem Mittelstück und kleiner Aufbiegung an jedem Ende.

Karneol aus Kreta: Furtwängler Gemmen I, Tf. 2, 24.

Über eine Bodenerhöhung eilt eine Frau von mächtigen Körperformen nach links. Sie hält ungewöhnlich den am Mittelstück nur wenig eingewölbten, etwa hüfthohen Bogen mit der Hand des gestreckten r. Armes hinaus. Die l. Hand hat halbwegs aufgezogen, Pfeil nicht sichtbar[1].

III. Der Segmentbogen mit horizontalen Ohren.

Ausonia 1908 (3), p. 290: Auf dem Diskos aus Phästos erscheint ein Bogen als Schriftzeichen. Beide Enden des Bogens ziemlich stark aufwärts gekrümmt. Die Sehne ist am einen Bogenhorn befestigt, am anderen ist eine deutliche Kerbe sichtbar, von der sie absteht. In bespanntem Zustand gibt jede Aufbiegung je ein horizontales Ohr[2].

Als Material zur Bogenverfertigung diente den Kretern wie den Ägyptern gewiß auch zunächst Holz. Daneben ist uns für diese Insel und somit wohl für den ganzen griechisch-mykenischen Kulturkreis der zusammengesetzte Bogen zum ersten Mal sicher bezeugt. Evans fand nämlich bei seinen Ausgrabungen in Knossos zwei Hornplattenfragmente[3], auf denen unter anderen kretischen Schriftzeichen zwei gekrümmte Hörner, wahrscheinlich der kretischen Wildziege angehörig, erscheinen. Die charakteristischen Ringe des Hornes werden durch kleine, aufwärtsstehende, gekrümmte Linien in der Nähe der Basis jedes einzelnen Hornes angezeigt. Daß diese Hörner, sei es nun in welcher Verarbeitung auch immer, das

Material des Bogens.

---

[1] Der am Rücken des Weibes erscheinende Gegenstand ist kein Köcher, sondern ein Teil der Kleidung, der ζωνη oder περίζωμα. S. dazu Milani, Studi e Materiali 1899—1907 p. 193, fg. 24.

[2] Ed. Meyer vermutet die Herstellung des Diskos im 17. Jahrhundert v. Chr. (Sitzb. d. Berl. Ak. 1909, S. 1022 ff.

[3] Annual 1903/04 (X), p. 58, b, c.

Rohmaterial für den Bogen abgaben, wird bestätigt durch zwei damit in Verbindung stehende Entdeckungen[1]:

Zusammen mit den oben erwähnten Platten fand man den unteren Teil einer Platte, deren Inschrift auf einen Bericht über eine große Anzahl gelieferter Pfeile Bezug nimmt. Die Tontafel, auf der dieser Bericht sich findet, zeigt wiederholt deutlich das Bild eines Pfeiles.

Besonderes Interesse verleiht dem Vorhandensein dieser letzten Inschrift der Umstand, daß man in der Entfernung von ungefähr 3 m davon zwei tatsächliche Lager von Pfeilen fand, die wahrscheinlich in Kästen eingeschlossen waren. Die dreieckigen Tonsiegel, womit diese Kästen verschlossen waren, waren in ihrer Längsachse von einer Schnur durchzogen und zeigen als Emblem einen Pfeil[2].

Es ist also wohl ganz klar, daß diese Kästen und Siegel in augenfälliger Beziehung mit den Gegenständen standen, die sie enthielten, und mit den Dokumenten, die sich auf sie bezogen[3].

Der Pfeil. Im Annual 1903/04 (X), p. 61 berichtet Evans, daß sich in den oben erwähnten Kästen noch Reste von hölzernen Pfeilschäften fanden.

Knochenstückfragment mit Darstellung eines befiederten Pfeilendes im Annual 1902/03 (IX), p. 61, fg. 40.

---

[1] Im übrigen siehe Scripta minoa p. 277.
[2] Annual 1903/04 (X), p. 60, fg. 22.
[3] Auch der Segmentbogen des Mannes auf der kretischen Bronzeplatte aus dem 7. Jahrh. (Annali 1880, tav. F) scheint ein zusammengesetzter Bogen zu sein. Der erhaltene Bogenarm, dessen geschweifte κορώνη besonders schön ausgeführt ist, zeigt nämlich in Abständen Kerben. Wahrscheinlich haben wir es mit einer Umwicklung zu tun, die die einzelnen Schichten, aus denen der Bogen besteht, noch mehr festigen soll. Die Sitte der Umschnürung geht wohl auf ägyptische Einflüsse zurück, da auch der Rhamsesbogen noch Schnürfurchen aufweist (Ztschrft. f. Ethn. XXV, S. 268).

Der Pfeilschaft zeigt immer in gewissen Abständen Ringe, die vielleicht an Rohr als Material denken lassen. Die Besiederung ist ornamental erstarrt. Die Kerbe bildet in einiger Entfernung von der Besiederung einen dreieckigen Ausschnitt im Schaft. Rote Farbe war daran noch kenntlich [1].

Pfeilspitzen:

Auf den schon oben erwähnten Tonsiegeln erscheint das Bild eines Pfeiles mit zwei Widerhaken: Annual 1903/04 (X), p. 60, fg. 22.

Nach Annual X, p. 61 fand Evans in den Pfeildepots 100 bronzene Pfeilspitzen, die in zwei Gruppen zu scheiden sind:

1. Spitzen mit Schaftzunge.
2. Spitzen ohne Schaftzunge,

Die Typen der Spitzen sind identisch mit denen, die Tsountas im Kuppelgrab am Löwentor in Mykenä fand [2].

Schließlich ist noch die Zahl der Pfeile, um die es sich auf den von Evans gefundenen Tontafeln handelt, erwähnenswert. Die Pfeile umfassen zwei Abteilungen, die eine die Zahl von 6010 Pfeilen, die andere von 2630 Pfeilen, insgesamt 8640 Pfeile. Man kann sich aus diesen Zahlen einen Begriff machen, welch hervorragende Rolle Bogen und Pfeil vom Beginn der mittelminoischen Zeit, also von rund 2000 v. Chr. ab, im ägäischen Kulturkreis gespielt haben.

In mykenischer Zeit erscheint auf Cypern der Segmentbogen.

Auf Cypern.

---

[1] Evans hält den Gegenstand für ein Weihgeschenk an die kretische Britomartis. Wir hätten es also mit der Darstellung eines Jagdpfeiles zu tun.

[2] '$E\varphi$. $\mathring{\alpha}\varrho\chi$. 1888, $\pi\iota\nu$. 9. Daher gehört auch die Bronzespitze aus Phästos: Accademia dei Lincei XIV, 2, p. 537, fg. 21, in deren Form 8 Spitzen gefunden wurden. Gr. Spitze 0,038 m; kl. Spitze 0,018 m lang.

Siegelzylinder bei Ohnefalsch-Richter, Kypros Text S. 66, Fg. 70. Mann in langem Gewand auf einem von Pferden gezogenen Wagen. Die Rechte scheinbar adorierend erhoben. Der Lenker ist zugleich Jäger oder der fehlende Jäger ist durch Bogen und Pfeile angedeutet. Jagdtiere sind ein Hirsch, ein kleiner Vierfüßler und zwei Vögel. Der Segmentbogen etwa hüfthoch. Auf der Mitte der geraden Sehne steht etwas schräg nach aufwärts ein mit zwei Widerhaken versehener Pfeil in Schulterhöhe. Der in der Luft fliegende gleichgeformte Pfeil ist mit seiner Spitze gegen den Mann gerichtet. Dieser Pfeil hüfthoch.

In der nachmykenischen Zeit erscheint:

I. Der Segmentbogen

auf einem offenen Kalksteinkasten aus Tamassos im Berliner Antiquarium: Ohnefalsch-Richter Tf. 199, n. 7.

Auf der Hauptseite eine Jagdszene. Schütze knieend und fast wie in der Luft schwebend. Mit der Hand des gestreckten l. Armes hält er den nicht ganz schulterhohen Segmentbogen vor, ein Finger dieser Hand scheinbar vorgestreckt. Die r. Hand liegt ungefähr an der r. Kinnseite, die Sehne ist gerade. Der Schütze hat also eben den Pfeil und Sehne losgelassen [1].

II. Der Angularbogen.

Sogenannte Tamassosvase [2]: Ohnefalsch-Richter Text S. 66, Fg. 71; S. 40, Fg. 38.

Eines der Bilder zeigt eine Löwenjagd. Vom Wagen

---

[1] Ganz das gleiche Motiv erscheint auf einem prächtigen Karneolskarabäoid des 5. Jahrh. v. Chr. aus Cypern, das den nackten Herakles stehend als Bogenschützen zeigt: Cesnola-Stern Tf. 84, 29.

[2] Ohnefalsch sieht in dieser Vase eine cyprische Fortbildung der späteren mykenischen Keramik, die uns der sog. Mykenäkrater (Furtwängler-Löschke Tf. 52—53) vergegenwärtigt. Gehört dieser etwa ins 9. Jahrhundert, so würde die Tamassosvase ins 8. Jahrhundert zu setzen sein.

herab peitscht der Lenker auf das Pferd, ein daneben stehender, schwertumgürteter, mit mannshoher Lanze, Kappe und kurzem Chiton ausgerüsteter Bogenschütze hält Segmentbogen untätig in der l. Hand, voll Angst auf den heranstürmenden Löwen schauend. Bogen etwa armlang. Die Mütze des Schützen läßt die Ohren frei und ist mit einem Band um das Kinn gebunden.

Auf der anderen Seite der Vase nackter Jäger zu Fuß. Die Hand des stumpfwinklig gebogenen Armes hält den Bogen so am Mittelstück vor, daß dies über dem Scheitel des Schützen sich befindet. Die Bogenarme bilden vom Mittelstück aus je eine gerade Linie. Bogen etwa hüfthoch. Aufzug bis ans Ohr. Vom Rücken nach hinten weghängend erscheint der obere Teil des im Profil rechteckigen, deckellosen Köchers, aus dessen Öffnung mehrere Pfeilenden ragen. Nach der Haltung des Schützen, bei dem der zurückbleibende, nicht der vorgesetzte Fuß vom Boden erhoben ist, postuliert Ed. Schmidt[1], daß diese Vase „an die orientalische Kunst anzuschließen ist". Die Bogenform des letztgenannten Schützen läßt an assyrische Einflüsse denken.

Cyprisches Vasenbild bei Ohnefalsch-Richter Tf. 158 = Jahrbuch 1907, S. 173, Abb. 20.

Streitwagen mit Lenker und Bogenschütze. Rechts davon Palmzweig, links davon Pfeilornament[2]. Schütze barhäuptig, scheinbar in langem Chiton, darüber bis an die Hüften reichendes Jäckchen. Der etwas in die Höhe gehaltene Angularbogen hüfthoch. Pfeilspitze mit zwei Widerhaken. Vertikal am Rücken ein im Profil gesehener, oblonger Köcher ohne Deckel. Aus der Köcheröffnung ragen Pfeilenden. Der ganze Köcher mit horizontalen Strichen gefüllt. Köcherlänge

---

[1] Knielauf S. 360 der Münchener Studien.
[2] Ohnefalsch-Richter Tf. 158, Fg. 1b; vgl. auch im Text S. 74, Fg. 92.

etwa gleich dem Aufzug bis ans Ohr. An den Ecken des Wagens gleichfalls mit Pfeilen gespickte Köcher. Die Bogenform weist nach Assyrien[1].

Der dem Mittelstück zu wenig eingewölbte und an einem oder beiden Enden aufgekrümmte Bogen.

1. Spätmykenisches Elfenbeinkästchen aus einem Grabe der Nekropole von Enkomoi. Murray-Walters, Excavations in Cyprus pl. 1.

Auf der einen Seite: Jagd auf Ochsen und Gazellen. Von einem Gefährt schießt ein Mann mit struppigem Bart und Haupthaar neben dem Lenker den Bogen ab. Hinter dem Wagen ein Knappe mit Beil in der Rechten. Der Schütze hält mit der Hand des gestreckten l. Armes den Bogen hinaus, das Mittelstück der Nase gegenüber. Aufzug bis hinter das Ohr. Der vollständig aufgezogene, an jedem Ende mit kleiner Aufbiegung versehene Bogen etwa armlang. In einfach bespanntem Zustand erst kommt die Einwölbung am Mittelstück zur Geltung.

Die andere Breitseite: Jagd auf Gazellen. Schütze allein auf einem Zweigespann. Bogen stark fragmentiert. Aufzug bis hinter das Ohr.

2. Opakgrüne Glaspaste (etwa des 7. Jahrhunderts) mit schwarzen Querstreifen in gestreckter Skarabäoidform aus Cypern: Furtwängler Gemmen I, Tf. 4, 35.

Knieender Bogenschütze nach links auf einen entfliehenden Greif schießend. Sein l. Arm, dessen Hand den Bogen hält, gerade vorgestreckt. Am Ende des oberen Bogenarmes geschweifte κορώνη. Bogen etwa armlang.

Das Tragen des Köchers im 7. Jahrhundert auf

---

[1] Ähnlich vermutet Studniczka im Jahrbuch 1907, S. 175: „Die cyprische Pinselei freilich mit der sinnlosen Verdoppelung des Eckköchers scheint nur aus unklarer Erinnerung an assyrische Wagen oder Wagendarstellungen erklärbar."

Cypern zeigt ein cyprisch-phönikischer Skarabäus: Journal of hell. stud. 1896, p. 272:

Theseus, hinter dem Ariadne, kämpft mit dem Minotaurus, schwertumgürtet; über der einen Achsel der scheinbar verschlossene Köcher sichtbar[1].

Wohl erst vom 6. Jahrhundert ab tragen die cyprischen Schützen den Köcher am Hüftband: Fragment einer lebensgroßen, knieenden Kriegerstatue archaischen Stils, Cesnola-Stern Tf. 33, 1: Vom Köcher, der ohne Deckel, nur der obere Teil erhalten. Unterhalb der Öffnung umlaufendes Flechtband. In der Mitte des Köchers Löwenkopf in erhabener Arbeit. Befiederte Pfeilenden ragen aus der Öffnung.

Ein mykenisches Karneolskarabäoid aus Kalauria, Athen. Mitteilungen 1895, S. 300, Fg. 20, zeigt ein Zweigespann nach rechts; auf dem Wagen ein Bogenschütze, der sich die Zügel um den Leib gelegt hat. Unter den Pferden ein Mann. Die Zeichnung des Bogens ist zu verschroben, um Genaueres sagen zu können. *Auf Kalauria.*

Mykenische Gemme unbestimmter Herkunft: Perrot-Chipiez VI, pl. 16, 8. *Gemme unbestimmter Herkunft.*

Ein auf der einen Wade am Boden kauernder Jäger, der auf ein gehörntes Tier schießt. Der etwa hüfthohe Bogen segmentförmig mit kleiner Aufbiegung am Ende des oberen Bogenarmes.

In einer portugiesischen Nekropole, deren Tongefäße zc. mykenische Einflüsse aufweisen, fand sich eine Silexspitze[2] in der Form der mykenischen Bronzespitze im 'Εφ. ἀρχ. 1888, πιν. 9, 22[3]. *Pfeilspitze aus Portugal.*

---

[1] Am Köcher scheinbar der Bogen befestigt (?).
[2] Ztschrft. f. Ethn. 1880, Vrhdl. S. 352, Fg. 9.
[3] Über weitere mykenische Bronzespitzen aus Jalysos auf Rhodos s. Furtwängler-Loeschke, Myk. Vasen Text S. 11, 15, 16.

Bogen und Bogenſchütze bei Homer.

Benennung der einzelnen, auf Bogen ꝛc. bezüglichen Gegenſtände.

Die am häufigſten vorkommende Bezeichnung für den Bogen iſt τόξον[1] oder βιός[2]. Nach Hehn[3] zeigt τόξον nahe Verwandtſchaft mit dem lateiniſchen taxus[4]. Doch macht die Verſchiedenheit der Vokale griech. o — lat. a Schwierigkeiten, da a in der erſten Silbe lateiniſcher Wörter noch nicht in allen Fällen aufgeklärt iſt. So trennt Walde[5] taxus von τόξον und ſtellt es zu ir. tais „weich, ſanft", wornach taxus nach der ſich weich anfühlenden Rinde benannt wäre. Jedenfalls ſoll durch τόξον, wenn wir es mit ſkrt. dhánvan (der Bogen aus Fichtenholz)[6], altnord. elmr (der Bogen aus Ulmenholz), yr (der Bogen aus Eibenholz)

---

[1] Ϳ 105, Λ 582 a. a. O. Zum Plural τόξα (Λ 370, Δ 45 a. a. O.) erklärt Euſtathios richtig: Ὅτι ἔϑος Ὁμήρῳ ἐν πολλοῖς πληϑύνειν τὰ ἑνικά, ὡς ὅτι τὸ ἅρμα λέγει ἅρματα καὶ τὸ τοῦ Αἴαντος πρόσωπον πρόσωπα. οὕτω καὶ τὸ τοῦ Ἀπόλλωνος τόξον τόξα ἐνταῦϑα (Λ 45) φησὶ διὰ σεμνότητα, εἰπὼν τόξ' ὤμοισιν ἔχων. Davon ausgenommen Φ 490, 502.

[2] Α 49, Ε 270 a. a. O. φ 395 bezeichnet κέρας kurz den Bogen des Odyſſeus.

[3] Kulturpflanzen S. 524.

[4] Die Behauptung Hehns, „daß beide Wörter aus der idg. Wurzel griech. τέκτων der Künſtler, altſl. tesati = hauen hervorgegangen ſind", dürfte, wie Herr Jakobſohn-München die Güte hatte mir mitzuteilen, für verfehlt zu halten ſein. — Der Thebaner Orion erklärt: τόξον· τάξω ἐστὶ ῥῆμα, ἀφ' οὗ ἔταγον δεύτερος ἀόριστος, καὶ ταγὼν μετοχή, καὶ κατὰ ἀναδιπλασιασμὸν τεταγών, ὡς πείϑω πιϑών καὶ πεπιϑών· παρὰ τὸ τάξω οὖν καὶ τάξω μέλλων, τόξον ἐστίν, καὶ τόξον τροπῇ τοῦ α εἰς ο. Φιλόξενος ἐν τῷ περὶ Ἰάδος διαλέκτου.

[5] Etymol. Wrtrb. d. lat. Sprache 617.

[6] Auch ſkrt. drunam (Bogen, Schwert) wird von Oſthoff (etymol. Parerga 102) zu δρῦς u. ſ. w. geſtellt.

vergleichen, das Material bezeichnet werden, aus dem durch Bearbeitung der Bogen hergestellt wird [1].

βιός Bogen hat eine Bedeutungswandlung erfahren. Die indogermanische Urzeit bezeichnete damit nur einen Teil am Bogen, die Sehne, wie das mit βιός zusammenfallende zend. jyā „Bogensehne" beweist [2]. Bei Homer ist indes βιός von νευρά schon streng geschieden, wie Δ 125 beweist.

Während wir in βιός vielleicht ein Dichterwort erblicken dürfen, scheint das gebräuchlichere τόξον, das die ältere, ursprüngliche Herstellung des Bogens durchblicken läßt, auch das ältere, von Anfang an speziell den Bogen bezeichnende Wort zu sein.

Das Mittelstück nennt Homer πῆχυς wie Eustathios 1915, 34 bestätigt: κρατήσας καὶ θεὶς τὸν οἰστὸν ἐπὶ τῷ πήχει τοῦ τόξου ἤγουν τῷ κέρατι ἔνθα ἡ τοῦ τόξου λαβή [3].

Das obere Bogenhorn ist die κορώνη, in die das lose Ende der an dem anderen Horn befestigten Sehne bei der Bespannung des Bogens gesetzt wird [4]. Der Scholiast erklärt etwas unklar: κορώνην νῦν τὸ ἐπικαμπὲς ἄκρον τοῦ τόξου λέγει, ὅθεν καὶ ἀπήρτηται ἡ νευρά. Unter κορώνη versteht Homer das gekrümmte Endteil des Bogens, von dem auch die Sehne weghängt.

Zu νευρά Bogensehne gehört die idg. Reihe skrt. snâvan = zend. snâvare.

---

[1] Vgl. auch Hübschmann (Ztschrft. d. deutsch. morgenld. Ges. 38, 430), der mit τόξον ein neupersisches Wort techs „Pfeil" zusammenstellt.

[2] Hesych erklärt naiv: βιός· τόξον, ἀπὸ κατὰ τὴν ἔντασιν βίας.

[3] Schwankend ist der Gebrauch von πῆχυς in Δ 375 u. Ν 583: τόξον πῆχυν ἄνελκεν, weshalb der Scholiast ad 583 erklärt: οἱ μὲν τὴν νευρὰν κατὰ Δωριεῖς, οἱ δὲ τὸ κέρας und Hesych unter πῆχυς· νευρὰν ἢ τὸ τοῦ τόξου μέσον.

[4] O 469 f.: νευρὴν δ'ἐξέρρηξε νεόστροφον, ἣν ἐνέδησα πρώιω ὄφρ' ἀνέχοιτο θαμὰ θρώσκοντας ὀιστούς.

Als spezielle Wörter[1] für Pfeil erscheinen ἰός[2] und ὀιστός[3]. Hesych erklärt unter ἰοί· τὰ βέλη ἀπὸ τοῦ ἰέναι. ἢ ἀπὸ τοῦ ἰοῦ. ἐχρίοντο γὰρ φαρμάκῳ τινὶ αἱ ἀκίδες αὐτῶν, Pfeile: Geschosse von dem Worte „gehen", oder von dem Worte Gift. Denn die Pfeilspitzen wurden mit einer gewissen Giftmasse bestrichen.

ἰός hält Bruggmann[4] mit dem idg. Stamm oisu identisch, der das Beschwingte, sich in Bewegung Setzende bedeutet.

ὀιστός gilt teils als Erweiterung der Sanskritwurzel ish (entsenden)[5], teils ist Schrader[6] der Ansicht, daß es, „möglicherweise aus ὀ-Fιστος (lat. virus, skrt. vishá Gift = Fισ-ος, ἰός) entstanden, geradezu „den vergifteten Pfeil" sc. ἰός Pfeil bedeutet.

Weitere, zu Bogen und Pfeil gehörige Utensilien sind:

1. φ 54 γωρυτός, das Hesych mit τοξοθήκη Bogentasche, der Scholiast B mit ἐλύτρῳ τοῦ τόξου Bogenhülle erklärt.

Während Eustathios 1846, 19 die Etymologie von γωρυτός mit dem Verbum χωρεῖν in Zusammenhang bringt, übersetzt es Prellwitz mit „Überzug", indem er seine Wurzel auf das Verbum ἐρύω zurückführt[7].

2. φ 11, Λ 45: φαρέτρα, was Suidas umschreibend mit βελοθήκη Geschoßbehälter, Pfeilbehälter erklärt.

---

[1] Auch βέλος bezeichnet zuweilen kurzweg den Pfeil ⌐ 104, 106 a. a. O.

[2] Λ 515 a. a. O.

[3] α 261, ⌐ 231 a. a. O.

[4] Indogerm. Forschungen 1905, S. 487.

[5] So Tobler in d. Ztschrft. f. vergl. Sprachforschung IX, S. 245 f. und Ascoli ebenda XII, S. 436. Prellwitz, Etym. Wörterbuch, vergleicht ὀιστος-ὀϝ-ιστός mit ai. asyati wirft, schleudert, astram Geschoß.

[6] Sprachvergleichung u. Urgeschichte², S. 328.

[7] Nach Lewy, Sem. Fremdwörter S. 180, aus hebr. harit.

G. Curtius[1] bemerkt zu φαρέτρα: „Uns scheint der Begriff Köcher der Vorstellung tragen nicht eben sonderlich nahe zu liegen, da noch so viel anderes getragen wird. Anders wohl dachten die Völker in jener Zeit, da keine Tracht so notwendig war wie diese, daher φαρέτρα: Wurzel φερ = ksl. tulu Köcher: Wurzel tul tragen."

Der Stand des Problems vom Material und Aussehen des homerischen Bogens, dessen Lösung sich mit den Versen der Ilias IV (Δ) 105—111[2] zu befassen hat, ist bis heute folgender[3].

Material und Aussehen des Bogens.

Zuerst hat sich Fellner intimer mit der homerischen Bogenfrage beschäftigt[4]. Seinen Ausführungen schloß sich dann G. Schmid an[5]. Fellners Ansicht ist diese: „Es mußte also ein krummes oder doch künstlich gekrümmtes oder krumm geschnitztes Holzstück gewählt worden sein; über die beiden Enden desselben wurden die Hörner des Pajang geschoben und kräftig aufgetrieben und festgekeilt (πήγνυμι etwas durch hineinstoßen, hineintreiben befestigen), so daß nun die beiden Hörner durch den in der Mitte frei bleibenden Teil des Holzbogens, durch den Bug (πῆχυς) zusammengehalten wurden. Auf diese Weise erhielt der Bogen durch die Hörner eine Zierde, die seinem Besitzer besonders dann zur Ehre gereichte, wenn er den Pajeng, dessen Hörner seinen Bogen schmückten,

---

[1] Etym. Lex. S. 115.

[2] .... τόξον ἔυξοον ἰξάλου | αἰγός ἀγρίου, ὅν ῥά ποτ' αὐτὸς ὑπὸ στέρνοιο τυχήσας | πέτρης ἐκβαίνοντα, δεδεγμένος ἐν προδοκῇσιν, βεβλήκει πρὸς στῆθος· ὁ δ' ὕπτιος ἔμπεσε πέτρῃ. | τοῦ κέρα ἐκ κεφαλῆς ἐκκαιδεκάδωρα πεφύκειν. | καὶ τὰ μὲν ἀσκήσας κεραοξόος ἤραρε τέκτων, | πᾶν δ' εὖ λειήνας χρυσῆν ἐπέθηκε κορώνην.

[3] Aus der Fülle der Behauptungen greifen wir nur jene heraus, die wirklich Beachtung verdienen.

[4] In d. Jahrbüchern d. österr. Gymnasien 1895, S. 206 ff.

[5] De Pandaro venatore homerico im Comm. Ministerii instr. publ. Petersburg 1901, Bd. 338.

mit eigner Hand in mühevoller Bergjagd wie Pandaros erlegt hatte. Die Ansicht, daß der homerische Bogen seinem Wesen nach nur aus einem kräftigen, elastischen Holz (mit oder ohne Hornüberzug) bestanden habe, findet eine bedeutende Unterstützung in der Stelle φ 395: Odysseus untersucht den Bogen auf allen Seiten, ob etwa das Horn desselben von ἶπες angefressen sei. ... Mit Recht besorgt konnte Odysseus nur sein, wenn das Innere der Hörner durch einen Holzbogen ausgefüllt war und wenn somit etwaige Furchlöcher oder „Wurmstiche" das sichere Anzeichen gewesen wären, daß der Holzbogen selbst in Wurmmehl verwandelt sei. ... Es ist kaum anzunehmen, daß ein so kleines Insekt sich erst durch die zähe Hornsubstanz Löcher bohre, um ins Holz des Bogens einzudringen." Dem gegenüber ist geltend zu machen, daß sich in der Münchener ethnographischen Sammlung das Horn eines Nashorns befindet, das durch und durch von Käferlarven zerfressen war, die erst vor kurzer Zeit vollständig entfernt werden konnten. Auch Luschan erwähnt bei Benndorf, daß Hörner „sehr leicht von Käferlarven (Dermestes und Anthrenes) angegriffen werden." Die Hypothese Fellners ist somit unhaltbar.

Weiter behandelte den Pandarosbogen ausführlicher v. Luschan[1], dessen Ausführungen dann Reichel in seine „Homerische Waffen" aufgenommen hat. Luschan erklärt vom technisch-ethnographischen Standpunkte aus, daß ein aus ganzen Hörnern bestehender Bogen ein Spanngewicht von 500—1000 Kilo haben würde und somit nur mit Hilfe von Maschinen zu bespannen gewesen wäre. Deshalb erklärt er die bisherige Auffassung von Δ 110 für unrichtig und läßt selbst den Bogen des Pandaros, damit den homerischen und

---

[1] Festschrift f. O. Benndorf, Wien 1898, S. 198 ff.: Über den antiken Bogen. Derselbe in der Berliner philol. Wochenschrift 1899, Sp. 411 f.

überhaupt den antiken Bogen aus folgenden Substanzen zusammengesetzt sein: „Der Querschnitt zeigt nebeneinander drei Holzstäbe, drei Hornplatten und zwei Schichten von Sehnenmasse. Außerdem war er sorgfältig mit Birkenrinde umkleidet." Luschan stützt seine Behauptung auf einen in Ägypten gefundenen Bogen aus dem 13. vorchristlichen Jahrhundert, der Berliner ägyptischen Sammlung angehörig[1], und einen ebenfalls in Ägypten gefundenen Bogen aus dem 7. vorchristlichen Jahrhundert[2]. Aus diesen beiden Bogen nun folgert Luschan: „Der antike Bogen, soweit er nicht gleich dem ägyptischen aus einem einfachen Holzstabe bestand, war stets in der Art dieser beiden uns durch günstige klimatische Verhältnisse in Ägypten erhaltenen Stücken zusammengesetzt. Und genau gleichartige Bogen haben sich nun vielfach bis auf den heutigen Tag in Vorderasien erhalten und besonders der Bogen, der noch im vorigen Jahrhundert in Turkestan im allgemeinen im Gebrauch war, kann als ein vollständig getreues Faksimile des homerischen Bogens gelten." Gegen diese Ansicht polemisieren Jähns[3] und Diels[4], der an der üblichen Auffassung festhält, daß der Bogen des Pandaros aus wirklichen, durch ein elastisches Querholz verbundenen Hörnern zusammengesetzt sei, „da sich sonst der Ausdruck κέρας für Bogen im Griechischen nicht erklären lasse". Daß die Behauptung Luschans vom Standpunkte des Philologen aus sehr willkürlich erscheint, ist ohne weiteres klar. Die Ansicht von Diels ist auch im Hinblick auf τόξον, taxus und dgl. durchaus nicht zwingend, ein elastisches Querholz aber vom technischen Standpunkt aus wenig verständlich.

---

[1] v. Luschan „Über einen zusammengesetzten Bogen aus der Zeit Rhamses II." in d. Ztschrft. f. Ethn. XXV. (1893), S. 266 ff.
[2] H. Balfour, on a remarkable ancient bow. Im Journ. A. T. XXVI. (1897).
[3] Entwicklungsgeschichte der alten Trutzwaffen. Berlin 1899, S. 301.
[4] Berliner philol. Wchschrft. 1899, Sp. 411.

Schließlich machte noch Buchner eine kurze, aber sehr beachtenswerte Schlußbemerkung[1]: „Auch der Bogen des Pandaros, der im Homer eine Rolle spielt, wenn er überhaupt ernst genommen und beachtet zu werden verdient, kann nur chinesisch verstanden werden." Der mit dem Beiwort παλίντονος versehene Bogen wird sich in der Tat dem chinesischen sehr verwandt erweisen.

Versuchen wir nun im folgenden unter Berücksichtigung der einschlägigen philologischen und ethnographischen Probleme eine Neubearbeitung des Gegenstandes, indem wir vor allem das philologische Material in weiterem Umfange als es bisher geschehen heranziehen!

Von den Beiwörtern, die Homer dem Bogen gibt, zielen auf das gekrümmte, segmentförmige Aussehen: ἀγκύλος, εὐκαμπής, κάμπυλος, κλυκοτερής; auf das mächtige und kraftvolle Aussehen: μέγας, κρατερός; auf sein schönes Aussehen: εὔξοος, φαίδιμος, dichterisch ausgeschmückt ἀργύρεος, παγχρύσεος.

Ein anfangs nicht gleich verständliches Beiwort ist παλίντονος[2]. Wohl dasselbe will, nur paraphrasiert, bezeichnen εἰς τ᾽ ὀπίσω ἑλκόμενον[3], was auch Eustathios 712, 24 erklärt mit τὸ ἐπὶ θάτερα μέρη κλινόμενον. παλίντονος vermögen wir also mit „zurückschnellend" zu übersetzen und haben damit das erste Ergebnis für den Bau des homerischen Bogens: Wird die Sehne vom Bogen gespannt, so schnellt er nach der anderen Seite zurück, vermutlich war diese Rückwärtskrümmung ziemlich stark. Der homerische Bogen war also ein reflexer Bogen.

---

[1] „Das Bogenschießen der Ägineten" in d. Ztschrft. f. Ethn. 1908, S. 856.
[2] Θ 266, φ 11.
[3] φ 11, 59.

Aus Δ 109 ἑκκαιδεκάδωρα ist die ungefähre Größe des Bogens ersichtlich [1].

Der Dichter läßt — was ja so recht charakteristisch für ihn ist — den Bogen gewissermaßen aus seinen Teilen heraus entstehen. Er beschreibt: καί τὰ μὲν ἀσκήσας κεραοξόος ἤραρε τέκτων. Nachdem also der hornschnitzende Künstler diese d. h. die Hörner verarbeitet hatte, fügte er sie zusammen. Die richtige Auffassung der Stelle ergibt die Deutung des ἀσκήσας. Sind wir berechtigt, es an unserer Stelle in gleicher Weise aufzufassen wie Γ 437, wo vom Gold die Rede ist, das um die Hörner des Opfertieres herumgegossen wird — ὁ δ' ἔπειτα βοὸς κέρασιν περίχευεν ἀσκήσας — so wird uns unsere Stelle um viel verständlicher werden. Ameis [2] bemerkt nach Helbigs Hom. Epos zu letztgenannter Stelle: „Nachdem er es (= das Gold) kunstvoll bearbeitet hatte. Nach dem Vers 434 angegebenen Werkzeugen war das Verfahren dieses: Er legte das Goldstückchen auf den Amboß, hielt es auf diesem mit der Zange fest und schlug es mit dem Hammer breit. Die so hergestellten, dünnen Plättchen wurden dann um die Hörner herumgelegt." Natülich brauchte, wie schon Reichel sagt, der κεραοξόος τέκτων Hornstäbe oder Hornplatten, die so lange waren, als der Bogen selbst werden sollte, wenn wir ein ähnliches Verfahren wie bei der Bearbeitung des Goldes auch für die der Hörner postulieren dürfen.

Der Dichter fährt dann fort: πᾶν δ' εὖ λειήνας χρυσέην ἐπέθηκεν κορώνην und als er das Ganze sorgfältig geglättet hatte, setzte er eine goldene κορώνη daran. Zu beachten ist, daß hier nun bereits von einem Ganzen gesprochen wird, das der Künstler schön geglättet hatte. Der

---

[1] Reichel, Homer. Waffen S. 114, der ἑκκαιδεκάδωρα in unsere Maße umzusetzen versucht, ist bei seiner Rechnung ein Fehler unterlaufen; das richtige Resultat ergibt 1,184 m, nicht 0,984 m.

[2] K. Fr. Ameis — C. Hentze, Homers Ilias und Odyssee.

Dichter führt uns also in die Werkstätte des Meisters, der mit der Feile an jenen bereits zur Bogenform zusammengefügten Hornplatten die etwa noch vorhandenen Unebenheiten entfernt und zuletzt die κορώνη daranfügt. Anzunehmen ist, daß wohl innerhalb der κορώνη irgendwelche Vorrichtung angebracht war, um die Sehne fest zu halten. Vielleicht eine Kerbe oder aber es wurden die beiden letzten Wülste des Horns zur Befestigung der Sehne übrig gelassen, jeder an einem Bogenende. Treffend bemerkt Fellner zum goldenen Aussehen der κορώνη: „Aus Gold oder wenigstens goldplattiert war diese Stelle, um für den Bogenschützen auch im Eifer des Gefechtes eine sich auffallend vom dunkelgrauen Grunde der Hörner abhebende Marke abzugeben, über die er die Sehnenschlinge nicht schlüpfen lassen durfte, ohne die Symmetrie des ganzen Apparates und dadurch die Wurfrichtung zu stören."

Auch das Mittelstück, das der Dichter wohl unter das Wort κέρας miteinbegreift, scheint aus Horn bestanden zu haben.

Die νευρὴ ἐυστρεφής, νεόστροφος bestand aus geflochtener Rindssehne νεῦρα βόεια Δ 122.

Die „ἰξάλου αἰγὸς ἀγρίου" aber, deren Hörner das Bogenmaterial lieferte, ist identisch mit capra aegagrus. So entscheidet Brehm, Tierleben III, S. 190 f. f.: „Wie Untersuchungen fast außer Zweifel stellen, ist sie (= capra aegagrus) dasselbe Tier, dessen Homer bei Schilderung der Zyklopeninsel gedenkt." Derselbe charakterisiert die Hörner des Tieres so: „Die sehr großen und starken, von beiden Seiten zusammengedrückten und hinten und vorne scharfkantigen, auf der äußeren Seite aber gerundeten oder gewölbten, welche schon bei mittelgroßen Tieren über 40 cm, bei alten oft mehr als das Doppelte messen, bilden, von der Wurzel angefangen, einen starken, einfachen und gleichförmigen, nach rückwärts gekrümmten Bogen, welcher bei alten Männchen ungefähr einen Halbkreis beschreibt[1]."

Als moderne Analogie zu dem von uns postulierten homerischen Bogen ziehen wir die von W. Boeheim in der Zeitschrift für historische Waffenkunde I, S. 191 erwähnten orientalischen Bogen heran, die „aus mehreren flachen Lagen von Steinbockhörnern" zusammengesetzt sind. Auch in der Münchener ethnographischen Sammlung befindet sich ein asiatischer Bogen[2], der offenbar aus mehreren, mit Sehnenbelag umkleideten Hornschichten besteht; auch sein Mittelstück scheint Hornmasse zu sein. Der ganze Bogen ist in Abständen von durchschnittlich 8 cm von 15 Tiersehnen umwickelt.

Auch den Pfeil beschreibt uns der Dichter ausführlich. So bestand der Pfeilschaft aus Rohr δόναξ Δ 584. Das eine Schaftende wird charakterisiert durch πτερόεις[3] und γλυφίδες[4]. Es ist also befiedert. γλυφίδες erklärt der Scholiast: εἰσὶν αἱ παρὰ τοῖς πτεροῖς ἐντομαὶ τοῦ βέλους, ὅπου ἐντίθεται ἡ νευρά, es sind die Einschnitte des Pfeiles, in die man die Sehne einsetzt[5].

Der Pfeil.

---

[1] G. Schmid läßt in seinem schon erwähnten Aufsatze De Pandora venatore homerico eine Unterscheidung in nördliche und südliche Lykier nicht gelten, indem er nachzuweisen sucht, daß wilde Ziegen wohl in den Bergen des südlichen Lykiens, nicht aber bei Zeleia, der Heimat des Pandaros (Δ 103), im Lande der nördlichen Lykier vorkommen. Zeleia ist indes nun doch einmal, wenn auch irrig, vom Dichter als Heimat des Pandaros genannt und eine Veränderung des Verbreitungsgebietes dieser Tiergattung im Laufe der Jahrhunderte (wie sie z. B. für den Löwen erwiesen ist) möglich.

[2] Gezeichnet mit Schl. 35.

[3] Δ 117, E 171 a. a. O.

[4] Δ 122, γ 419.

[5] In Wirklichkeit handelt es sich natürlich nur um den untersten Einschnitt.

Die Pfeilspitze illustriert τριγλώχιν[1], was auf drei Widerhaken ὄγκοι[2] deutet. Ob sie mit Tülle oder Schaftzunge versehen war, ist nicht genau zu ermitteln. Für letztere spricht vielleicht die Umschnürung am oberen Teil des Schaftes mittelst νεῦρον[3].

Abgesehen von der eisernen Spitze in Δ 123 werden nur solche aus Bronze genannt, wie α 262, Ν 650, 662 χαλκήρης; φ 423 Ο 465 χαλκοβαρής[4].

α 260 ff. nennt der Dichter Pfeilgift φάρμακον.

Goryt und Köcher. Über das Aussehen des Goryt erfahren wir nur φ 54 ὅς οἱ (= τόξῳ) περίκειτο φαεινός. Der Bogen wurde darin in unbespanntem Zustand aufbewahrt[5].

Der Köcher wird Α 45 ἀμφηρεφής „doppelt geschlossen" oder vielleicht besser „rings umschließend" (nämlich die Pfeile) genannt. Er war hohl[6] und ein leicht abnehmbarer[7] Deckel πῶμα (Δ 116) verschloß ihn.

Über die Anzahl der Pfeile, die der φαρέτρη ἰοδόκος (φ 12) enthielt, erfahren wir nur πολλοί δ' ἔνεσαν στονόεντες ὀϊστοί (φ 12)[8].

---

[1] Ε 393, Δ 507.

[2] Δ 151, 214 (hier noch mit dem Beiwort ὀξέες).

[3] Helbig, Hom. Epos S 341, Fg. 134 postuliert die Spitze mit Tülle. — Über das Vorkommen dieses Typus s. Ztschrft. f. Ethn. 1896, S. 20 ff.

[4] Über die schweren Wunden, die der homerische Pfeil verursachen konnte und deren Heilung vgl. Ε 395—402, Δ 515, 829, 844.

[5] Auch γ 607 wird mit γναμπτὸν τόξον auf den Goryt angespielt, wie φ 416 ff. mit ὅ (= ὀϊστός) .... γναμπτός auf den Köcher.

[6] φ 417 ἄλλοι (= ὀϊστοὶ) κοίλης ἔντοσθε φαρέτρης. vgl. auch Α 46 ἔκλαγξαν δ' ἄρ' ὀϊστοὶ ἐπ' ὤμων.

[7] ι 313 f.: ῥηϊδίως ἀφέλων θυρεὸν μέγαν· αὐτὰρ ἔπειτα ἐπέθηχ', ὡς εἴ τε φαρέτρῃ πῶμ' ἐπιθείη.

[8] Θ 324 wurde Teukros von Hektor verwundet, als er eben seinen 11. Pfeil auf die Sehne setzen wollte.

Der Köcher wird am Rücken, auch der Bogen wird zuweilen über die Achsel gehängt getragen[1].

Die Art des Bespannens des homerischen Bogens entnehmen wir Δ 112: καὶ τὸ μὲν εὖ κατέθηκε τανυσσάμενος, ποτὶ γαίῃ ἀγκλίνας. **Bespannen des Bogens.**

Von vorneherein ist klar, daß ein derartig gebauter Bogen wie der homerische nicht wie ein einfacher Holzbogen bespannt werden kann. Luschan postuliert deshalb, ohne der philologischen Seite des Problems nachzugehen, für den homerischen und überhaupt den antiken Bogen die Bespannweise des modernen chinesischen Bogens[2]. Reichel, der dieser Auffassung folgt, will demnach die Homerstelle so konstruiert wissen: κατέθηκε ποτὶ γαίῃ τανυσσάμενος ἀγκλίνας. Dies letzte Wort will er dann übersetzen mit „indem er hinaufbog"[3], was aber dem sonstigen Gebrauch dieses Wortes bei Homer widerspricht. Dann läßt auch nach Ameis das ἐν παλάμῃσιν in τ 577 eine derartige Verrichtung, bei der die Beine eine so bedeutsame Rolle spielen, nicht erwarten. Ameis selbst übersetzt die Stelle: „Er legte ihn (= den Bogen) sorgfältig nieder, nachdem er ihn besehen, indem er ihn (mit dem Fußende) gegen den Boden gestemmt hatte." Den im ganzen recht unverständlichen Ausführungen von Ameis ad τ 577—581 können wir uns nicht anschließen[4], da ja, wie schon Reichel betont, die von Ameis postulierte Art des Bespannens nur für einen langen, aus einem elastischen Stabe gebildeten Bogen Geltung haben kann. Auch das κατέθηκεν als „auf die Erde niedergelegt, um den Pfeil aus dem

---

[1] Λ 45, Φ 490.
[2] In der Festschrift für Benndorf S. 192.
[3] Dem ἀγκλίνας läßt Reichel in der Odyssee φ 128, 150 ἀνέλκων entsprechen, „im selben Sinne natürlich wieder vom Bogen gebraucht, nicht von der Sehne."
[4] Ähnlich rätselhaft drückt sich Ameis in der Erklärung φ 125 aus.

Köcher zu nehmen" gefaßt, scheint wenig einleuchtend. Dagegen spricht der ganze Zusammenhang der Stelle und die durch und durch praktische Veranlagung des Dichters.

Wir übersetzen die Stelle: „Und er setzte den Bogen sorgfältig nieder, bemüht, ihn zu bespannen, indem er ihn auf die Erde gestützt hatte." Als Illustration zu diesen Dichterworten ist auf den einen Kupidobogen bespannenden Schützen des schon S. 28 f. beschriebene Gemäldes aus einem Grabe Beni Hassan bei Rosellini civ. 117, 2 zu verweisen [1].

Wäre es wohl nicht möglich, anzunehmen, daß der homerische Bogenschütze diese Art des Bespannens durch Vermittlung der Phönizier oder auf dem Wege über Kreta von den Ägyptern übernommen habe?

Anziehen zum Schuß. Die Vorkehrungen, die der homerische Schütze vor und beim Anziehen zum Schuß zu treffen hat, schildern Δ 116 f. [2].

αὐτὰρ ὁ σύλα πῶμα φαρέτρης, ἐκ δ' ἕλετ' ἰὸν αἶψα
δ' ἐπὶ νευρῇ κατεκόσμει πικρὸν ὀιστόν.

Der Schütze hat also gleich nach dem Bespannen den Pfeil aus dem Köcher zu nehmen und ihn mit der Kerbe auf die Sehne zu setzen. Alsdann φ 419 [3]:

τὸν ἐπὶ πήχει ἑλὼν ἕλκεν νευρὴν γλυφίδας τε [4].

Nachdem der Schütze also den Pfeil am Mittelstück ge-

---

[1] Bei der Betrachtung des Bogen bespannenden Schützen können wir uns auch von dem ἐρίσσεσθαι μετεαίρων in η 125 eine Vorstellung machen. Nachträglich ist zu erwähnen, daß diese Art des Bespannens der gemeineren Methode des Bogenbespannens in Japan ähnlich kommt. S. dazu im Globus 1906, S. 85, Abb. 7.

[2] cf. Θ 323.

[3] cf. Δ 122.

[4] Der von Ameis ad Δ 122 vorgeschlagene Griff ist praktisch unausführbar, der im Anfang ad φ 419 vorgeschlagene bei einem Bogen solchen Kalibers nicht annehmbar und auch der Bogenkunde unbekannt. — πῆχυς hier mit Reichel S. 115 als Pfeilschaft zu fassen, besteht kein Grund.

faßt hatte, damit er sich während des Anziehens der Sehne nicht verrücke, zog er sie und die Kerbe des Pfeilschaftes an.

Auch das Maß des Aufzuges gibt uns der Dichter an in Θ 325 αὐερύοντα παρ᾽ ὦμον. Diesen Aufzug bis zur rechten Schulter fanden wir unter den alten Kulturvölkern vor allem bei den Assyrern. Δ 123 berichtet auch von dem Aufzug bis zur Brustwarze: νευρὴν μὲν μαζῷ πέλασεν. Diesen Aufzug schreibt Porphyrios ad Θ 323 den Kretern zu: τοὺς μὲν Κρῆτας τὴν νευρὰν ἕλκειν ἐπὶ τὸν μαστόν..... Auf Denkmälern des griechischen Kulturkreises bemerkten wir diesen Aufzug zum ersten Mal in der Zeit des geometrischen Stils. Diese Beobachtung ist zu berücksichtigen bei der Datierung des Homerverses. *Der Aufzug.*

Über den schwankenden Gebrauch von ἐν-τανύειν und τανύειν ist zu bemerken: *ἐντανύειν, τανύειν.*

ἐν-τανύειν bedeutet wörtlich „hinein spannen". Ganz richtig schwebt dem Dichter das Bild vor, wie der Bogen= schütze die Sehne in die κορώνη „hineinspannt". Diese richtige Auffassung tritt in φ 97, 127; ω 170 zu Tage. Weniger verständlich sind folgende Stellen: φ 92, 286, 315, 326; φ 75, τ 577, wo ἐντανύειν in direkte Be= ziehung zu τόξον oder βιός gebracht wird. Ähnlich steht es mit τανύειν, das man φ 128 auf die Sehne, φ 254, 328, 409, 426, ω 177 auf den Bogen bezogen sieht. Man kann also nicht, wie Luschan bei Benndorf wünscht, ἐντανύειν oder τανύειν mit „bespannen" übersetzen, vielmehr fordern beide jedesmal eine sinngemäße Übersetzung. Ähnlich kann auch τιταίνειν nicht in allen Fällen mit „spannen" d. i. anziehen zum Schuß gegeben werden. Diese Über= setzung kommt nur in Betracht ε 97, Δ 124 (hier nur *τιταίνειν.*

τείνειν), Θ 266, im Sinne von „bespannen" dagegen in Δ 370, φ 259[1].

Körperhaltung des Bogenschützen.

Die Körperhaltung des Bogenschützen wird ausdrücklich angegeben:

1. Α 48. Apollon, der zuerst mächtigen Schrittes von den Höhen des Olymp herabeilt ἕζετ᾽ ἔπειτ᾽ ἀπάνευθε νεῶν, μετὰ δ᾽ ἰὸν ἕηκεν.

2. φ 420 f. Des Odysseus Haltung bei seinem Meisterschuß ist diese: αὐτόθεν ἐκ δίφροιο καθήμενος, ἧκε δ᾽ ὀϊστὸν ἄντα τιτυσκόμενος. Blinkenberg schreibt dazu[2]: „Odysseus setzte sich auf einen δίφρος ἀεικέλιος (d. h. wohl einen niedrigen Schemel) und beugte sich zielend vornüber." Die Schußlinie lag nach Blinkenberg in einer Höhe von ungefähr 80 cm[3].

3. χ 3 f. verlangt das ταχέας δ᾽ ἐκχεύατ᾽ | ὀϊστοὺς αὐτοῦ πρόσθε ποδῶν der Bequemlichkeit halber eine ähnliche gebückte Stellung[4].

Benennung des Bogenschützen.

Der Bogenschütze heißt in verächtlichem Sinn Λ 385 τοξότης[5]. Einzelne Bogenschützen werden ferner gekennzeichnet durch den Zusatz:

1. τόξον, ὅ τοι πόρε Φοῖβος Ἀπόλλων[6] oder ᾧ

---

[1] A. Baumeister ist in seinen Hymni homerici 1860, hymn. in Apoll. Del. ad 1—13 zu dem gleichen Resultate gelangt.

[2] In seinen archäologischen Studien, S. 40 ff.

[3] Da der Pfeil auf seiner Bahn immer in einer Parabel fliegt, dessen Tangente er darstellt, so müssen die Öſen der zwölf Beile eine in senkrechter Ebene gelegene Parabel gebildet haben.

[4] Weiteres über die Haltung einzelner Schützen siehe unter „Kampfweise des Bogenschützen"!

[5] Davon die Kunst des Bogenschießens Ν 314 τοξοσύνη.

[6] Teukros Ο 441.

καὶ τόξον Ἀπόλλων αὐτὸς ἔδωκεν[1] ober ὅς οἱ τόξον ἔδωκε[2].
2. τόξον ἐὺ εἰδώς[3].
3. οἷόν τε ῥυτῆρα βιοῦ τ' ἔμεναι καὶ ὀιστῶν[4].

Von einzelnen Bogenschützen auf Seite der Griechen werden genannt: **Bogenschützen auf Seite der Griechen.**
1. N 313 f.: Τεῦκρός θ', ὃς ἄριστος Ἀχαιῶν τοξοσύνῃ.
2. B 718. Philoktet, der nicht persönlich am Kampfe teilnehmen kann, wird durch Medon vertreten.
3. N 650. Meriones, der zusammen mit Idomeneus Führer der Kreter ist.
4. K 260. Das einzige Mal, wo Odysseus in der Ilias Bogen und Köcher führt.

An ganzen Völkern werden ausdrücklich als Bogenschützen genannt:
1. B 716 f.: οἳ δ' ἄρα Μηθώνην καὶ Θαυμακίην ἐνέμοντο | καὶ Μελίβοιαν ἔχον καὶ Ὀλιζῶνα τρηχεῖαν.
Sind wir berechtigt bei B 719, wie bei Thukydides I, 10, die ἐρέται zugleich als Krieger zu betrachten, so ergäbe sich die Zahl von 450 Bogenschützen.
2. N 716 f.: Die Lokrer[5]. Als ihr Anführer wird in N 712 Ajas, des Oileus Sohn bezeichnet, in Δ 273

---

[1] Pandaros B 827.
[2] Iphitos φ 36 ff.
[3] Philoktet B 718, 720 seine Gefolgsmannen, Teukros M 350.
[4] Leiodes φ 173; σ 262 nennt Penelope die Trojaner nur ῥυτῆρες ὀιστῶν.
[5] In der ἀσπὶς Ἡρακλέους werden sie als ἀγχέμαχοι, also als Schwerbewaffnete, aufgeführt. cf. auch Pausanias I, 23, 4: Λοκροὺς γὰρ τοὺς Ὀπουντίους, ὁπλιτεύοντας ἤδη κατὰ τὰ Μηδικὰ ἴσμεν (angespielt ist hier auf Herod. VII, 203), οὓς Ὅμηρος ἐποίησεν, ὡς φερόμενοι τόξα καὶ σφενδόνας ἐς Ἴλιον ἔλθοιεν.

erscheinen die beiden Ajas als gemeinsame Führer der erz=
gepanzerten Argiver.

Ausrüstung des griechischen Bogenschützen.

Außer Bogen und Pfeil führt der griechische Schütze zuweilen Lanze[1], Schwert[2] und Schleuder[3] mit sich. Von Teukros wird noch seine besondere Tüchtigkeit im Nahkampf hervorgehoben[4].

Bogenschützen auf Seite der Trojaner.

Von einzelnen trojanischen Schützen werden genannt:
1. Paris: $\varGamma$ 17, $\varDelta$ 370, 505, 581.
2. Helenos, ein Sohn des Priamos: N 583.
3. Dolon: K 333 f.
4. Pandaros, der Führer der nördlichen Lykier: B 827, $\varDelta$ 105 f. f., E 171.

Von ganzen Völkern werden ausdrücklich als bogen= schießend aufgeführt:
1. Die Trojaner selbst σ 262: ῥυτῆρας ὀιστῶν.
2. Παίονες ἀγκυλότοξοι: B 848, K 428.

Ausrüstung des trojanischen Bogenschützen.

Die Ausrüstung des trojanischen Bogenschützen ist aus folgenden Stellen ersichtlich:
1. $\varGamma$ 17 f. Rüstungsszene des Paris:
παρδαλέην ὤμοισιν ἔχων καὶ καμπύλα τόξα καὶ ξίφος, αὐτὰρ δοῦρε δύω κεκορυθμένα χαλκῷ.

2. K 333 ff. Rüstungsszene des Dolon:
ἀμφ' ὤμοισιν ἐβάλλετο καμπύλα τόξα, | ἕσσατο δ' ἔκτοσθεν ῥινὸν πολιοῖο λύκοιο, | κρατὶ ἐπὶ κτιδέην κυνέην, εἷλε δ' ὀξὺν ἄκοντα[5].

Der trojanische Schütze führt also noch wie der griechische

---

[1] Meriones N 657, cf. dazu $\varPi$ 619 δουρικλυτός.
[2] Odysseus mit Lederhaube K 261.
[3] Die Lokrer N 716.
[4] N 314: ἀγαθὸς δὲ καὶ ἐν σταδίῃ ὑσμίνῃ. cf. auch O 478 ff.
[5] K 459 wird dieser ἄκων mit δόρυ μακρόν umschrieben.

Lanze und Schwert[1]. Außerdem weiß er sich noch durch das den Schild ersetzende Laiseion zu schützen[2].

Die Kampfweise des homerischen Bogenschützen ersehen wir aus Θ 266 ff., wo der Dichter im einzelnen die Manöver schildert, die Teukros als Schutzgenosse[3] des Ajas ausführt: *Kampfweise des homerischen Bogenschützen.*

Τεῦκρος δ' εἴνατος ἦλθε παλίντονα τόξα τιταίνων, | στῆ δ' ἄρ' ὑπ' Αἴαντος σάκεϊ Τελαμωνιάδαο. | ἔνθ' Αἴας μὲν ὑπεξέφερεν σάκος· αὐτὰρ ὅ γ' ἥρως | παπτήνας, ἐπεὶ ἄρ τιν' ὀϊστεύσας ἐν ὁμίλῳ | βεβλήκοι . . . . | αὐτὰρ ὅ αὖτις ἰών, παῖς ὣς ὑπὸ μητέρα, δύσκεν εἰς Αἴανθ'· ὁ δέ μιν σάκεϊ κρύπτασκε φαεινῷ.

Teukros stellte sich also hinter den Schild des Ajas[4] und so oft er einen Pfeil abschoß, schob Ajas den Schild immer etwas beiseite. Nach dem Zielen und Schießen aber barg sich Teukros gleich wieder hinter den Schild[5].

Mit Hilfe dieser Stelle vermögen wir Λ 369 ff. zu interpretieren. Paris ist im Begriff, auf Diomedes zu schießen. Des Paris Standort bezeichnet στήλῃ κεκλιμένος. Paris ist also zunächst hinter der στήλη zu denken. Gleichwie nun dort Ajas den Schild beiseite schiebt, um Teukros freie Bahn für das Zielen und Schießen zu lassen, so tritt auch hier Paris in gebückter Stellung vor die στήλη und

---

[1] N 576 Helenos mit Thrakerschwert. Auch Appolon, der Bogengott, führt ein goldenes Schwert E 509, O 256.

[2] Ebendas erscheint sehr schön auf einem Kantharosbild des Duris bei Furtwängler-Reichhold Tf. 74.

[3] cf. M 370 ff. — Der nur M 372 erwähnte Pandion, der dem Teukros sein Schießzeug nachträgt, scheint auf die Verwundung des Teukros durch Hektor am vorhergehenden Tage (Θ 324) hinzuweisen.

[4] cf. Δ 112, wo auch Pandaros, bis er seinen Bogen zum Schuß bereit gerichtet hatte, durch die Schilde seiner Genossen geschützt wurde!

[5] Diese Stelle, wie K. Wernicke im Hermes 26, S. 63, „als etwas Ungewöhnliches" zu bezeichnen, liegt kein Grund vor.

sobald er den Erfolg seines Schusses merkte, richtete er sich triumphierend auf ἐκ λόχου ἀμπήδησε Λ 377¹.

Die Bogenschützen in größerer Anzahl nehmen hinter der Schlachtlinie der Schwerbewaffneten Stellung, so die Lokrer N 719 ff.:

δὴ ῥα τόθ' οἱ μὲν πρόσθε σὺν ἔντεσι δαιδαλέοισι μάρναντο Τρωσίν τε καὶ Ἕκτορι χαλκοκορυστῇ, | οἱ δ' ὄπιθεν βάλλοντες ἐλάνθανον.

<small>Der Bogen als Jagdwaffe.</small>

Einige Stellen nennen den Bogen als Jagdwaffe der Sterblichen:

1. Auf der Hirschjagd Λ 475 f.

2. Odysseus und Gefährten auf der Jagd nach Bergziegen ι 156 ff.

3. Der Jäger Skamandrios, der Schüler der Artemis im Bogenschießen E 49 ff.

4. Der Dichter setzt die Handhabung des Bogens im Gegensatz zur Schiffahrt. Also ein Gegensatz zwischen Jagd und Schiffahrt ζ 270.

<small>Der Bogen bei Wettkämpfen unter den Sterblichen.</small>

Auch bei Wettkämpfen findet der Bogen Verwendung. Von solchen Wettkämpfen unter den Sterblichen erzählen zwei Stellen:

1. Ψ 850 ff. In der Ferne wird auf sandigem Boden ein hoher Mastbaum aufgerichtet und eine Taube mit schwachem Faden an dem einen Fußende daran befestigt. Schützen sind Teukros und Meriones. Ersterer durchschießt mit seinem Pfeile den Faden. Die Taube entfliegt in die

---

¹ Eustathios ad Λ 370: τὸ δὲ κεκλιμένος, ἀντὶ τοῦ περιεχόμενος, ὡς καὶ ἐν τῷ, λίμνῃ κεκλιμένος Κηφισίδι. ἢ ἀντὶ τοῦ κρυπτόμενος· διὸ βαλὼν τὸν Διομήδην ἐκ λόχου ἀνεπήδησεν ἐκγήσας ἑαυτόν.

Lüfte. Schnell schießt Meriones und durchbohrt sie mit dem Geschoß mitten unter den Flügeln. Er ist der Sieger[1].

2. φ 74 ff. erzählt vom Wettschießen im Hause des Odysseus[2].

Von den Gestalten der Sage führen folgende den Bogen: *Gestalten der Sage, die den Bogen führen.*

A. Apollon. Seine auf den Bogen bezüglichen Beinamen sind: $\mathit{ἀργυρότοξος}$[3], $\mathit{ἑκάεργος}$[4], $\mathit{ἑκατηβόλος}$[5], $\mathit{ἑκηβόλος}$[6], $\mathit{κλυτότοξος}$[7].

Gerade an seinem Feste findet das Bogenwettschießen im Megaron des Odysseus statt[8]. Er ist ja:

I. Der Gott der Bogenschießkunst.

Zu ihm beten um Erfolg ihres Schusses:

1. Odysseus vor dem Freiermord χ 7[9].

2. Meriones gelobt wie Pandaros eine Dankhekatombe Ψ 872.

Einzelnen Bogenschützen gegenüber zeigt sich Apollon

a) besonders gnädig.

Seine Lieblinge beschenkt er mit der ihm heiligen Waffe: Pandaros B 827, Teukros O 441, Jphitos φ 38.

b) strafend.

1. Teukros hat Mißgeschick beim Wettschießen, weil er versäumte, dem Gott ein Dankopfer zu geloben Ψ 863 f.

---

[1] Noch heute schießt man in Belgien hölzerne Vögel von hohen Masten. Dieses Wettschießen heißt Tir à la perche, s. darüber Buchner in d. Münchener Neuesten Nachrichten 1908 (61. Jahrgang) n. 427.

[2] Ausführliches darüber in Blinkenbergs archäol. Stud. S. 31 ff., Das Bogenschießen im Megaron des Odysseus.

[3] B 766, E 449, η 64, ϱ 251.

[4] A 147, Φ 478, ϑ 323.

[5] P 333, ϑ 339.

[6] A 21, Π 513.

[7] J 101, 119; φ 267.

[8] q 258.

[9] cf. φ 338, 365.

2. Den Eurytos tötet der Gott, da er sich vermaß, den Gott zum Bogenwettkampf herauszufordern ϑ 226.

II. Der männertötende Gott.

Er läßt die Männer sterben:

1. ganz plötzlich bei gesundem Körper ; 280, η 64, Ω 759.

2. an Altersschwäche o 409 ff.

Zur Strafe tötet er mit seinen Pfeilen:

1. viele der Griechen Λ 43.

2. Die Söhne der Niobe Ω 605.

Wer endlich einem anderen, dem er nicht selbst Gewalt antun will oder kann, den Tod wünscht, der wünscht, daß den Gegner die Pfeile des Apollon treffen möchten: ο 251, 494.

B. Artemis. Ihre auf Bogen und Pfeil bezüglichen Beinamen sind: ἰοχέαιρα[1], χρυσηλάκατος[2], τοξοφόρος[3].

Wie Apollon der Gott der Bogenschießkunst, so ist Artemis

I. die Göttin der Jagd mit Pfeil und Bogen ζ 102 f. f. Ihren Liebling, den Jäger Skamandrios, lehrt sie persönlich die Kunst des Bogenschießens (E 49 f.).

II. die Frauen tötende Göttin[4].

Ihren Geschossen erlagen[5]:

1. die Göttin des Eetion Z 428.

2. das Phönikerweib, das einst den Sauhirten Eumaios geraubt hatte o 478.

3. die Altersschwachen o 410.

Als strafende Göttin tötet sie die Töchter der Niobe Ω 606.

---

[1] E 53, λ 198 ἰόσκοπος ἰοχέαιρα.

[2] H 183, δ 122.

[3] Φ 483.

[4] Apollon sagt zu Artemis Φ 483: ἐπεὶ σὲ λέοντα γυναιξὶ Ζεὺς θῆκεν καὶ ἔδωκε κατακτάμεν, ἥν κ'ἐθέλῃσθα, womit vielleicht auch ihre Stellung als Geburtsgöttin angedeutet wird.

[5] cf. γ 172 ff., 198 f.

Den Tod durch Artemis wünschte:
1. Achill der Briseis *T* 59.
2. Penelope sich selbst *υ* 61 f. 80.

C. Die Eileithyien bereiten mit ihren Pfeilen den Gebärenden bittere Schmerzen *Λ* 299.

D. Herakles, trotzend auf seine Bogenschießkunst,
1. wetteiferte selbst mit Apollon *θ* 234.
2. verwundete mit seinem Pfeile Hera und Hades[1], bis er schließlich durch Hera seinen Tod findet[2].

Selbst noch in der Unterwelt
$\gamma v \mu v \grave{o} v\ \tau \acute{o} \xi o v\ \check{\epsilon} \chi \omega v\ \kappa \alpha \grave{i}\ \grave{\epsilon} \pi \grave{i}\ v \epsilon v \varrho \tilde{\eta} \varphi \iota v\ \grave{o} \iota \sigma \tau \acute{o} v,$
$\delta \epsilon \iota v \grave{o} v\ \pi \alpha \pi \tau \alpha \acute{i} v \omega v,\ \alpha \grave{i} \epsilon \grave{i}\ \beta \alpha \lambda \acute{\epsilon} o v \tau \iota\ \grave{\epsilon} o \iota \kappa \acute{\omega} \varsigma$[3].

E. Der Messenier Idas aus Ätolien erhebt gegen Apollon den Bogen, weil dieser ihm Marpessa geraubt hatte: *I* 558 ff.

In den älteren Teilen der Ilias werden auf Seite der Griechen noch keine Bogenschützen mit Namen genannt. Ganz allgemein erwähnt der Dichter den Bogen:
1. als Kriegswaffe *Π* 779, *O* 709.
2. als Jagdwaffe *Λ* 475.

Auf Seite der Trojaner wird nur Paris als Bogenschütze genannt *Λ* 370, 505, 581.

Von den griechischen Sagengestalten führen den Bogen:
1. Apollon: *Λ* 45, *Π* 513, *P* 333, *Φ* 478.
2. Artemis: *Π* 183, *T* 59, *Φ* 483.
3. Die Eileithyien: *Λ* 299.

In den jüngeren Teilen der Ilias treten dem Paris folgende Schützen an die Seite:
1. Helenos *N* 583.
2. Dolon *K* 333.

Chronologische Bestimmung der Stellen, die von Bogen und Bogenschütze handeln.

Der Bogen in den älteren Teilen der Ilias.

Der Bogen in der jüngeren Erweiterung der Ilias.

---

[1] *E* 392 ff.
[2] *Z* 118.
[3] *λ* 606 f.

3. Pandaros *B* 827, *Δ* 105, *E* 171.
4. Die Päonier *B* 848, *K* 428.

Während der Dichter der älteren Teile der Ilias noch gar keine griechischen Bogenschützen beim Namen zu nennen weiß, lernen wir in den jüngeren Teilen des Gedichtes alle bereits oben aufgezählten griechischen Schützen kennen. Aus dem griechischen Sagenkreis erscheinen weiterhin als Bogenschützen:

1. Herakles *E* 392.
2. Idas *I* 558.

Mit der fortschreitenden Erweiterung des Epos sehen wir also die Handhabung des Bogens häufiger werden. Ganze Stämme wie z. B. die Päonier, die noch in der Urilias ausdrücklich als Schwerbewaffnete aufgeführt werden[1], in den jüngeren Teilen dagegen schon eine Berühmtheit in der Bogenführung erlangt haben[2], scheinen die Waffen des Hopliten mit Bogen und Pfeil vertauscht zu haben.

Für *Δ* 123 kommt P. Cauer nach Abhandlung der Ansichten von Beloch und Helbig zu dem Ergebnis[3]: „In *Δ* 123, wo die Spitze des Pfeiles kurzweg σίδηρος genannt wird, ist vorausgesetzt, daß den Zuhörern Pfeile mit eiserner Spitze bekannt sind." Cauer[4] zählt deshalb *Δ* unter jene Gesänge der Ilias, „die sich deutlich als Teile einer jüngsten Schicht von der Mehrzahl der übrigen" abheben. Damit stimmt auch überein, was wir oben über den hier genannten Aufzug bemerkt haben[5].

---

[1] *Π* 287, *Φ* 205 ἱπποκορυσταί; *Φ* 155 δολιχεγχίας.
[2] *B* 848, *K* 428 ἀγκυλότοξοι.
[3] Grundfragen der Homerkritik S. 186.
[4] S. 187.
[5] C. Robert, Studien zur Ilias 1901, S. 492, setzt *Δ* 123 in die 2. Ilias mit dem Bemerken, daß hier das Eisen zum ersten Mal in technischer Verwendung vorkommt.

Aus der Odyssee sind für die chronologische Bestimmung folgende Stellen von Wichtigkeit:

Der Bogen in der Odyssee.

I. α 260 ff. fährt Odysseus nach Ephyra, um Gift für seine Pfeile zu holen. Aber der Mermnade Ilos gibt es ihm nicht, weil er den Zorn der unsterblichen Götter fürchtet. Da α erst nach Abschluß aller übrigen Gesänge der Odyssee entstanden ist, ist es leicht begreiflich, daß eine so fortgeschrittene Zeit diesem grausamen Gebrauch Einhalt tat.

II. λ 606 f. führt Herakles den Bogen in der Unterwelt. Nach Christ[1] muß λ 565—627 durch Athetese beseitigt werden, um so den Hauptanstoß von λ 603 gegenüber E 905 zu beheben. Christ weist fragliche Verse einem Dichter hesiodischer Schule zu[2].

III. θ 219—228 enthält, wie Ameis ad θ 219 bemerkt, eine Interpolation. Zu dem von Ameis schon angeführten Grunde kommt noch:

1. Philoktet wird hier gewissermaßen als der hervorragenste Schütze der Griechen gepriesen, während in der Ilias als solcher Teukros genannt wird[3].

2. Nach B 718 ff. war Philoktet überhaupt nicht vor Troja. Die in θ 219 f. angedeutete Sagenerweiterung berührt sich mit der Ἰλιὰς μικρά, wenn sie natürlich auch nicht notwendig aus ihr geflossen zu sein braucht. Jedenfalls aber steht so viel fest, daß die in Frage stehenden Verse erst nach Abfassung von B 718 ff. gedichtet wurden.

3. Eurytos, König von Oichalia in Thessalien, wird nur noch in B 596 und φ 13—15 gennant. Diese letzte Stelle aber setzt jetzt die vollständige Unterwerfung Messeniens unter Lacedämon voraus, kann also erst nach dem Ausgang des ersten messenischen Krieges gedichtet sein. Dazu kommt, daß

---

[1] Griech. Literaturgeschichte[5] S. 37, Anm. 1.
[2] Literaturgeschichte S. 56.
[3] N 313.

der Dichter von ϑ 219 ff. noch nichts von dem Geschenk des Iphitos an Odysseus[1] und dessen Gelöbnis in φ 38 ff. gewußt hat. φ 38 kann also erst nach ϑ 219 entstanden sein. Kurz: ϑ 219 ff. muß nach B 718, aber vor φ 13—41 gedichtet sein.

IV. Der eben chronologisch genau fixierten Stelle φ 38 ff. widersprechen:

1. κ 261 f. 2. K 260 f.

Der Dichter beider Stellen, der scheinbar φ 38 ff. noch nicht gekannt hat, muß sie also vor φ 38 abgefaßt haben[2].

V. κ 513 f. erscheint Odysseus als reitender Bogenschütze. Die älteste Darstellung solch reitender Bogenschützen konnten wir unter den Denkmälern des griechischen Kulturkreises auf einem rottonig-kretischen Pithos aus dem 7. Jahrhundert v. Chr. nachweisen[3].

Bogen und Bogenschütze auf griechischen Denkmälern geometrischen Stils.

Unsere Untersuchung wird hier erschwert durch den abstrahierenden Stil der geometrischen Darstellung. Unter den Waffen, die wir auf den Denkmälern kennen lernen, erscheint auch der Bogen.

Die in Betracht kommenden Denkmäler können wir nach den darauf dargestellten Bogenformen in drei Klassen teilen:

I. Der Segmentbogen.

---

[1] Damit steht φ 38 in Verbindung mit dem die gleiche Sage behandelnden Epos Οἰχαλίας ἅλωσις.

[2] Der Gesang κ gehört bis Vers 490 zu den ältesten Bestandteilen der Odyssee.

[3] B. c. h. 1898, p. 463, fg. 8.

1. Vasenscherbe aus Athen. Akropolisvasen Tf. 10, 29. Böotischer, umgehängter Schild[1], der dem dahinter zu denkenden Krieger vom Hals bis zu den Knieen reicht.

Hinter dem oberen Teil des Schildes hervor der Arm eines Mannes sichtbar, der nach links hin den Bogen abschießt. Links davon der Rest einer anderen Figur. Bogen in Schildgröße. Pfeilspitze mit zwei Widerhaken. Von den Armen nur einer sichtbar, der andere von dem Maler als verdeckt gedacht[2].

2. Vasenscherbe im The Argive Heraeum II, Tf. 57, 10.

Die Unterkörper von drei Männern. In der Mitte schwertumgürteter (?) Bogenschütze, mit der Hand des spitzwinklig gebogenen l. Armes den Bogen vorhaltend. Sein Oberkörper etwas vorwärts gebeugt. Hals und Kopf, sowie der obere Bogenarm fragmentiert. Der ergänzt gedachte Bogen nicht ganz hüfthoch. Der Pfeil, der in Halshöhe am Mittelstück des Bogens anliegt, mit zwei Widerhaken. Der die Sehne anziehende Arm ist zu ergänzen.

3. Breite, halbmondförmige, gravierte Bronzefibel aus Thisbe. Böotisch-geometrisch. Arch. Anzeiger 1894, S. 116, Fg. I.

Unter den vielen raumfüllenden Ornamenten ein Reiter mit Schild, Helm und Lanze. Ihm eilt ein schwertumgürteter Schütze nach, hinter dessen Rücken zwei mit der Spitze nach unten gekehrte Pfeile sichtbar werden, die vielleicht die Fülle der ihm zu Gebote stehenden Pfeile andeuten sollen. Unter dem Pferde des Reiters scheint ein Lanzenkämpfer hingestreckt. Das Mittelstück des kaum hüfthohen Bogens in Halshöhe.

II. Der dem Mittelstück zu eingedrückte Bogen.

---

[1] s. Lippold, Griechische Schilde! In den Münchener Studien S. 418.
[2] Das Gleiche bei den auf folgenden Denkmälern dargestellten Schützen: Arch. Anzeiger 1894, S. 116; Ἐφ ἀρχ. 1898, πιν. 5, 1, 1a; Arch. Ztg. 1885, Tf. 8, 1.

1. Vasenfragment im Louvre: Monuments Grecs 1882
—1890, p. 47, fg. 2. (Pottier Album A 528).

Vorderteil eines Schiffes. Darauf drei Krieger. Der Hals eines der Männer von einem Pfeil durchbohrt. Ein schwertumgürteter Bogenschütze neben einem Lanzenkämpfer. Oberhalb der Schwertspitze wird am Rücken ein spitzer Gegenstand sichtbar. Der Schütze hält den Bogen, dessen Mittelstück sich ungefähr in der Höhe der Brustwarze befindet, mit der Hand des spitzwinklig gebogenen Armes hinaus. Aus der Verlängerung des Pfeiles über den Oberarm des Mannes hinweg können wir wohl auf einen zweiten Arm schließen. Der Bogen zeigt dem Mittelstück zu eine sehr elegante Einbiegung. Der untere Bogenarm scheinbar länger als der obere. Der Bogen kaum hüfthoch.

2. Mit dem eben beschriebenen Bruchstück hat ein Vasenfragment in Paris manches gemein: Pottier Album A 519, pl. 20. (Eine bessere Reproduktion in den Jahresheften des österr. arch. Instituts XII (1909) S. 56).

Als fünfte Figur von rechts ein Bogenschütze unter den mit Lanzen und Schilden bewehrten Kriegern. Der schwertumgürtete Schütze mit Busch geziertem Helm. Etwas oberhalb des Schwertes läuft parallel mit diesem ein Strich, der an der Vorder- und Rückseite zum Vorschein kommt. Den Oberkörper etwas vornübergebeugt hält der Schütze mit der Hand des stumpfwinklig gebogenen Armes den Bogen so vor, daß sein Mittelstück wieder ungefähr der Brustwarze gegenüberliegt. Im rechtwinklig gebogenen und diesmal deutlich gezeichneten anderen Arm läuft das Pfeilende aus. Die Sehne ist, wie überhaupt auf allen Denkmälern geometrischen Stils als vollkommen gerade Linie gezeichnet[1]. Größe und Aussehen des Bogens wie bei II, 1.

---

[1] Ausnahmen bilden schlecht ausgeführte Bilder des spät geometrischen Stils.

Fraglich ist es, ob die Gegenstände, die der weiter links davon dargestellte Krieger in den Händen hält, wie bisher für Pfeil und Bogen gehalten werden dürfen. So polemisiert W. Helbig[1]: „Die Kurve des Kreissegments verläuft hier ohne Unterbrechung. Der angebliche Pfeil würde eine ungebührliche Länge haben. Angesichts dieses Tatbestandes könnte man sich recht wohl die Frage vorlegen, ob nicht der Maler durch das Kreissegment einen einbügeligen Rundschild in der Seitenansicht und durch den zugespitzten Strich einen Speer wiedergeben wollte, mit dem sich der Krieger zum Stoß anschickt. Doch läßt sich bei den beschränkten Mitteln, über die der Maler verfügte, seine Absicht nicht mit Sicherheit feststellen." Indes könnte man jenen angeblichen Speer sehr wohl auch für einen Pfeil halten. Mißt man nämlich Pfeil mit Ellenbogen des fünften Kriegers von links und vergleicht damit die Länge jener fragwürdigen Waffe des anderen Kriegers, so ergibt sich, daß beide Waffen mit Ellenbogen gleich lang sind. Das ohne Unterbrechung verlaufende Kreissegment allerdings bleibt immerhin noch problematisch, wenn wir in ihm nicht einen Zeichenfehler des Künstlers erkennen wollen.

3. Vase des spät-geometrischen Stils in Kopenhagen: Auf einem Schiff ein Bogenschütze. Ein zweiter, schwertumgürtet, mit umgehängtem, böotischen Schild[2] auf dem Lande. Auf dem Schiffe und am Lande außerdem noch Schwerbewaffnete mit Schild, Schwert und Speer. Die in Schildgröße gezeichnete Bogenform verworren und unverständlich. So zeigt der Bogen des Schützen auf dem Schiffe die Form der arabischen Zahl 8, ist also sowohl

---

[1] „Homerischer Rundschild mit Bügel" in d. österr. Jahrb. XII (1909), S. 56.

[2] Ob auch der Schütze am Strand diesen Schild trägt, läßt der fragmentierte Zustand des Bildes nicht genau erkennen.

am Mittelstück als auch an der Mitte der Sehne einwärts gebogen. Der Bogen des anderen zeigt dem Ziele zu eine gerade Linie, während der dem Schützen zugewandte, gewölbte Bogenteil der Mitte zu eingedrückt ist[1].

III. Der Segmentbogen, dessen eines Ende deutlich aufgebogen ist[2].

Vase spät geometrischen Stils aus Eleusis: 'Εφ. ἀρχ. 1898, πιν. 5, 1, 1a.

Auf der einen Seite der Vase: Ein Schiff, darauf mit weit gespreizten Beinen ein Bogenschütze mit spitzer Mütze nach links, seinen Bogen abschießend und ein Ruderer. Auf dem einen Schiffsende ein Vogel. Zu beiden Seiten des Schiffes Männer mit Schild und Lanze. Der den Bogen vorhaltende Arm des Schützen zeigt nicht wie der Arm der Schützen auf dem Gegenbilde der Vase einen stumpfen Winkel, sondern ist mit ein paar schrägen Strichen, die von der einen Schulter bis zur Bogensehne laufen und vielleicht beide Arme nebeneinander darstellen sollen, gezeichnet. Am Bogen ist nur das obere Horn aufwärts gebogen.

Auf dem Gegenbilde zielen zwei Bogenschützen scheinbar laufend über am Boden liegende Menschen hinweg gegeneinander. Hinter jedem ein Schwerbewaffneter. Bogen etwa hüfthoch. Von den Bogenenden ist immer nur eines deutlich etwas aufgebogen, das andere läuft noch einige Millimeter parallel mit der Sehne. Vielleicht soll auch dies eine Aufbiegung darstellen.

Als Illustration eines Pfeiles jener Zeit ist das Bild eines Vasenfragments in Pottiers Album A 560 pl. 20 beizuziehen: Der Leib eines ins Knie gesunkenen, hintenüberfallenden Kriegers ist von einem Pfeil durchbohrt, den

---

[1] Genau kenntlich und darum für uns allein wertvoll ist nur die Einwölbung am Mittelstück.

[2] Möglicherweise ist auch das andere Ende aufgebogen gedacht.

er mit der einen Hand herauszuziehen sucht. Der Pfeil ist mit besonderer Sorgfalt ausgeführt. Die Spitze zeigt wie auf allen diesen Denkmälern zwei Widerhaken, der Pfeilschaft glatt, läuft am Ende in eine kleine Gabelung aus. Der Pfeil etwa armlang.

Das Material der Spitzen kann mit Sicherheit nicht angegeben werden [1].

Bogen und Bogenschütze im griechischen Kulturkreis vom 8. Jahrhundert v. Chr. ab.

Etwa aus dem 8. Jahrhundert v. Chr. sind uns aus Sardinien eine große Anzahl bronzener Kriegerstatuetten erhalten. Unter den Kriegern erscheinen auch Bogenschützen; sie führen

Sardinien.

I. Segmentbogen.

Accademia dei Lincei 1904, p. 233, fg. 6.

Schütze, der seinen ziemlich dick geformten, mannshohen Bogen links geschultert trägt. Auf der r. Rückenseite hängt an einem Bande fragmentierter Köcher. Auf dem Kopf eine Art Mütze mit Busch.

Perrot-Chipiez Hist. de l'art IV, p. 88, fg. 87.

Schütze mit fragmentiertem Bogen in der Linken. Bogen wahrscheinlich mannshoch. Auf der r. Rückenseite geöffneter Köcher, der unten spitz zuläuft. Der kegelförmige Deckel hängt an der l. Seite des Köchers herab. Deckel wie Köcher in Abständen durch horizontale Striche in Felder geteilt [2]. Köcher mit aufgesetzt gedachtem Deckel etwa armlang. Auf dem Kopfe trägt der Schütze ganz eigen-

---

[1] siehe Fr. Poulsen, Die Dipylongräber und die Dipylonvasen. Leipzig 1905, S. 39.

[2] Eigene Zeichnung eines Köchers bei Perrot-Chipiez IV, p. 97, fg. 95.

tümlich hohen Kopfputz, der vielleicht wie die erhobene Rechte sakrale Bedeutung hat. Die Beine des Schützen zeigen dicke Umwicklung [1].

II. Bogen mit schwacher Einwölbung nach dem Mittelstück und mit kleinem, horizontalen Ohr an jedem Ende.

Accademia dei Lincei 1904, p. 231, fg. 4.

Bogenschütze mit Köcher an der l. Rückenseite hält mannshohen, bespannten Bogen, dessen unteres Horn er auf die Erde gesetzt hat, mit der Linken. Bogen wie Sehne sehr dick. Als Armschutz eine Art Handschuh, an dem eine große Unterarmmanschette angesetzt ist [2]. Auf dem Kopf mit Busch gezierte Kappe.

Perrot-Chipiez IV, p. 67, fg. 55 (Babelon-Blanchet n. 918).

Bogenschütze mit einer Art Haube auf dem Kopfe, Umwicklung an den Beinen zieht einen Bogen von oben beschriebener Form zum Schusse an. Die Einwölbung wird dadurch zum Segment, die Ohren zu je einer kleinen Aufbiegung. Der vollständig erhaltene Bogen in Schulterhöhe. Aufzug und Bogenhaltung wie beim folgenden Schützen.

Perrot-Chipiez IV, p. 73, fg. 64 (Babelon-Blanchet n. 920):

Schütze, der die Sehne bis zur l. Achsel aufgezogen hat. Vom Bogen ist nur das Mittelstück und ein Teil der Sehne erhalten. Der am Ende befiederte, vorne in einen Knollen (?) endigende Pfeil in Beinlänge. Der Schütze hat die vorschriftsmäßige Schützenstellung eingenommen. Abnorm ist die Bogenhaltung. Die l. Hand hält nämlich den Bogen so gefaßt, daß der kleine Finger am Mittelstück zu oberst liegt. Der Pfeil ist links angelegt. Auf der

---

[1] Ähnliche Statuette mit mannshohem Segmentbogen, um dessen Enden deutlich die Sehne gewickelt ist, scheinbar deckellosen Köcher, Beinumwicklung: Lincei XI, tav. XIII, 1.

[2] Eigen: Zeichnung bei Perrot-Chipiez IV, p. 97, fg. 96.

Mitte der Brust ein kleines Täschchen, das durch Riemen mit dem Köcher am Rücken verbunden ist. Auf dem Kopf eine Art Haube.

Auf den phönizischen Silberschalen[1] erscheinen zwei Bogenformen. *Phönizien.*

I. Der Segmentbogen mit mehr oder minder starker Aufbiegung an jedem Ende auf den Schalen:

aus Kurion: Ohnefalsch-Richter, Kypros S. 126,
ebendaher: Perrot-Chipiez III, p. 789,
aus Präneste: M. d. I. X, 33, 5,
ebendaher: M. d. I. X, 31, 1,
aus Idalion: Ohnefalsch-Richter S. 57, Fg. 52,
aus Amathus: Perrot-Chipiez III, p. 775 pl. 547,
aus Cäre: Perrot-Chipiez III, p. 769 fg. 544,
ebendaher: Griff Monumenti di Cere tav. X, 1.

II. Der Angularbogen auf einer Schale aus Dali: Perrot-Chipiez III, p. 779, fg. 548.

Die Bogenschützen sind teils zu Fuß, teils zu Pferd oder Wagen:

I. Schützen zu Fuß.

A. auf der Jagd.

a) nach Hirsche.

Ohnefalsch-Richter S. 126. Schütze mit kapuzenartiger Mütze nach links laufend, auf einen Hirsch schießend. Bogen nicht ganz hüfthoch. Aufzug bis zum Ohr[2].

M. d. I. X, 31, 1. Bärtiger Schütze auf einem Hügel, assyrisch gekleidet, mit mützenähnlicher Kopfbedeckung. Den Bogen hält er in der Rechten vor, ein Bündel Pfeile geschultert, einem vom Hügel springenden Hirsch nachsehend. Rechts unterhalb des Hügels ein ähnlich gekleideter, knieen-

---

[1] Über deren Datierung v. Bissing im Jahrbuch 1898, S. 41.
[2] Dieser Aufzug, den alle schießenden Bogner auf diesen Schalen zeigen, gehört mit zu den ägyptischen Einflüssen.

der Schütze nach einem anderen Hirsch auf dem Hügel zielend.

b) nach Löwen.

Ohnefalsch-Richter S. 57, Fg. 52. Knieender Schütze auf einen Löwen (?) schießend.

Perrot-Chipiez III, p. 789. Ein Löwe (?) hält ein Kind in seinen Klauen. In der Nähe kauernder, zielender Schütze.

Perrot-Chipiez III, p. 769, fg. 544. Von rechts dringen auf einen Löwen ein Mann mit Schild und Speer ein, dahinter ein Bogenschütze mit Hüftschurz. In der anziehenden Hand hält er drei Pfeile. Die in der Luft fliegenden Pfeile befiedert und mit zwei Widerhaken.

B. bei kriegerischen Unternehmungen.

Perrot-Chipiez III, p. 775, pl. 547. Festungsangriff. Vor den Mauern 4 vorwärts dringende Schwerbewaffnete mit Rundschild. Dahinter ebensoviel assyrisch gekleidete Bogenschützen, die mützenähnliche Helme mit Nackenschirm tragen.

Grifi Monumenti di Cere tav. X, 1 (Helbig, Führer II, S. 385).

Der dem Schalenrande nächste Bildstreifen zeigt Reiter, Schützen zu Fuß mit vorgehaltenen Bogen und geschulterten Pfeilen, Kriegswagen.

II. Schützen zu Pferd auf der Löwenjagd.

Perrot-Chipiez III, p. 769, fg. 544.

Von rechts Jäger zu Fuß, auf einen Löwen eindringend, auf der anderen Seite reitender Schütze nach links mit dem Oberkörper nach rückwärts gewandt, auf den Löwen schießend. Drei Pfeile hält er in der anziehenden Hand. Der barhäuptige Reiter trägt Hüftschurz.

M. d. I. X, 33,5: Reitender Schütze wie vorher[1].

III. Schütze zu Wagen.

M. d. I. X, 31, 1. Auf dieser schon oben aufgeführten Schale mit der Darstellung einer Hirschjagd auch ein Wagen, auf dem Lenker und Bogenschütze. Dieser schießt auf zwei Gorilla ähnliche Tiere. Ein Mann zu Fuß, der Bogen in der Linken hält, schwingt das Beil gegen eines dieser Tiere.

Bogenschützen als Gefolge eines Fürsten auf der Schale bei Perrot-Chipiez III, p. 779, fg. 548: Hinter dem Wagen des Fürsten drei Männer. Der vorderste in assyrischer Tracht hält in einer Hand Bogen und Pfeil, in der Rechten eine Standarte. Zwei ihm folgende Männer im Hüftschurz tragen nur Bogen und Pfeile.

Von Bedeutung sind noch folgende Denkmäler des 7. Jahrhunderts aus dem gleichen Kunstkreis mit Darstellung

I. des Segmentbogens.

Bogenschütze in Gestalt eines kleinen Bronzeanhängers aus Syrien in der Sammlung Forrer: Reallexikon Tf. 28, 2. Aufrecht stehender Mann mit spitzer Mütze hält den

---

[1] Dieses Motiv des nach rückwärts schießenden Reiters ist auf assyrischen Einfluß zurückzuführen. Auf einer Bronzeschale aus Nimrud (Layard II, 65) schießt ein barhäuptiger Schütze in eng anliegender Kleidung (?) mit Hüftgurt von einem pferdähnlichen Tier aus, den Oberkörper nach rückwärts gewandt, auf einen Löwen, der in den Klauen einen Menschen hält. Aufzug bis zur Brustwarze, ein Finger der Bogen haltenden Hand vorgestreckt. Der Meister der Silberschalen vertauschte den Aufzug bis zur Brustwarze mit dem bis zum Ohr. Das Motiv des rückwärts schießenden Reiters setzt sich im jonischen Kunstkreis fort: Jonische Amphora in d. Röm. Mitt. 1887 (II), Tf. 9; Bronzereiter der jonisch-italischen Kunst. Auf dem griechischen Festlande begegnet es zuerst im chalkidischen und korinthischen Kunstkreis (Bonner Studien S. 256, Fg. 6; S. 279, Fg. 7).

etwa hüfthohen Bogen mit der Hand des rechtwinklig gebogenen l. Armes nicht am Mittelstück, sondern an der geraden Sehne. Das untere Bogenhorn berührt den Schenkel, das obere steht vom Oberkörper ab. Der Schütze scheint also nach unten zu schießen. Der vorne einfach zugespitzte Pfeil ungefähr in Bogengröße.

II. des am Mittelstück eingewölbten Bogens.

Grüner Jaspis. Phönikisch-griechisch: Collection de la Chapelle pl. VI, 79.

Kniender, bärtiger Schütze mit Panzer, Beinschienen und fellartiger Kopfbedeckung. Hinter ihm eine Art Schleuder. Unter seinen Füßen befiederter Pfeil, Spitze mit zwei Widerhaken. Die Hand des rechtwinklig gebogenen Armes hält den Bogen, dessen Einwölbung am Mittelstück je durch einen Ring markiert ist. Aufzug bis zur Brustwarze[1].

Der ‚τόξον Σκυθικόν'.

Um 600 v. Chr. begegnet auf den Denkmälern des griechischen Kulturkreises neben dem Segmentbogen eine ganz eigentümliche Bogenform, deren Seltsamkeit in einer zuweilen ziemlich starken Einwölbung am Mittelstück und je einer Aufbiegung an jedem Ende besteht. Nicht allein in bespanntem Zustand zeigt dieser Bogen eine so starke Einwölbung am Mittelstück[2], auch in unbespanntem Zu-

---

[1] Gemme aus gleichem Kunstkreis mit ganz ähnlicher Darstellung: Vente Sambon-Canessa Auktionskatalog 24.—26. März 1902, Tf. I, 10. Vielleicht ist auch die Gemme bei Furtwängler I, Tf. 8, 12 aus dem 5. Jahrhundert hierher zu ziehen. Zu den östlichen Einflüssen an den Äginagiebeln ist wahrscheinlich auch der gepanzerte Herakles im Ostgiebel zu zählen. Das Idealbild eines kräftigen Bogenschützen.

[2] s. die Vasenbilder: Hartwig Meisterschalen Tf. 14, 1. Furtwängler-Reichhold Vasenmalerei (F. R. V.) Tf. 101.

stand behält er diese Einwölbung auf einer sehr sorgfältig gemalten Schale des Phintias in München F. R. V. Tf. 112. Hier ist die Einwölbung wie am bespannten Bogen auf dem Schalenbild bei Hartwig Tf. 14, 1 gerade so groß, daß eine Männerhand in ihr Platz findet[1]. Auch die Reflexität dieses Bogens ist nicht allzu stark[2].

Den Bogen dieser Form nannten die Griechen den τόξον Σκυθικόν, was aus folgenden Stellen hervorgeht:

Euripides läßt bei Athenaeus X, 8 einen schlichten Bauern auftreten, der den Namen des Theseus, den er nicht lesen konnte, irgendwo angeschrieben sah. Er versucht durch alltägliche Bilder die Buchstaben, aus denen der Name besteht, zu erklären, und vergleicht den vierten Buchstaben, das griechische Sigma, einer Haarlocke, gekräuselt wie die Ranke am Weinstock. Agathon erzählt dieselbe Geschichte, indem er denselben Bauern den gleichen Buchstaben mit dem skythischen Bogen vergleichen läßt. Das älteste Zeichen für das Sigma gleicht dem Epsilon, also zwei nebeneinander liegenden Halbkreisen[3]. Das tertium comparationis im ersten Falle ist die ranken- oder schlangenähnliche Form dieses Bogens, im zweiten die tiefe Einwölbung des Mittelstücks.

2. Lykophron vergleicht die Bogenform geradezu mit einer Schlange, wohl im Hinweis auf die doppelte Kurve, Alexandra 917: ῥαιβῷ χεῖρας ὥπλισε Σκύθῃ | δράκοντ' ἀφύκτων γαμφίων λυροκτύπῳ.

3. Strabon (II C 125) mit dem Umriß des schwarzen

---

[1] Daß indes dieser Bogen nicht immer am Mittelstück gefaßt wurde, zeigt der Schütze auf einer den Äginagiebeln gleichzeitigen Gemme bei Furtwängler I, Tf. 8, 38, und der Schütze der Todwellvase.

[2] Im übrigen ist natürlich der Bogen des bespannenden Skythen auf der Vase aus Kul-Oba (Bosphore Cimmérien pl. 33) und der zum Schusse angezogene Bogen des einen Skythen auf dem persischen Zylinder bei Micali I, 17 zu vergleichen.

[3] Chisul, Inscr. Sig. p. 4, 41.

Meeres: εἰκάζουσι δέ τινες τὸ σχῆμα τῆς περιμέτρου ταύτης ἐντεταμένῳ Σκυθικῷ τόξῳ, τὴν μὲν νευρὰν ἐξομοιοῦντες τοῖς δεξιοῖς καλουμένοις μέρεσι τοῦ Πόντου (ταῦτα δ' ἐστὶν ὁ παράπλους ὁ ἀπὸ τοῦ στόματος μέχρι τοῦ μυχοῦ τοῦ κατὰ Διοσκουριάδα· πλὴν γὰρ τῆς Καράμβιος ἦγε ἄλλη πᾶσα, ἡιὼν μικρὰς ἔχει ἐσοχάς τε καὶ ἐξοχάς, ὥστ' εὐθείᾳ ἐοικέναι), τὴν δὲ λοιπὴν τῷ κέρατι τοῦ τόξου διττὴν ἔχοντι τὴν ἐπιστροφήν, τὴν μὲν ἄνω περιφερεστέραν, τὴν δὲ κάτω εὐθυτέραν· οὕτω δὲ κ' ἀκείνην ἀπεργάζεσθαι δύο κόλπους, ὧν ὁ ἑσπέριος πολὺ θατέρου περιφερέστερός ἐστιν, manche vergleichen die Gestalt seines Umrisses mit dem bekannten skythischen Bogen, indem sie einerseits die Sehne den sog. rechten Partieen des Pontos gleichsetzen (das ist der Küstenstrich von der Mündung bis zur Bucht von Dioskurias; denn abgesehen von der Karambis zeigt die ganze übrige Küste nur kleine Ein- und Ausbuchtungen, so daß sie einer Sehne gleicht), den übrigen Umriß andererseits dem Horn des Bogens mit doppelter Windung, wovon die untere mehr kreisförmig, die obere gerader ist; denn ebenso bildet auch jener (übrige Teil des Umrisses) zwei Busen, von denen der nördliche viel gekrümmter ist als der andere.

Vergleicht man die bezeichneten Teile auf der Karte, so ergibt sich, daß die Krim den Nordrand so gliedert, daß er zwei tiefe Einbuchtungen aufweist.

Die vielmals zitierte Stelle des Ammianus XXII, 8, 37 [1] ist demnach zur Erklärung des skythischen Bogens nicht zu gebrauchen. Im übrigen erregt auch Bedenken, daß Ammian Skythen und Parther als Synonyma verwendet.

---

[1] Cum arcus omnium gentium flexis curventur hastilibus, Scythici soli vel Parthici circumductis utrumque introrsus pandis et patulis cornibus effigiem lunae decrescentis ostendunt, medietatem recta et rotunda regula dividente.

Als Material des τόξον Σκυθικόν würde sich in Hinsicht auf seine geringe Reflexität Holz am besten begreifen lassen. Unter dieser Voraussetzung wäre auch seine allgemeine Verbreitung verständlicher [1].

Für die Schußweite des skythischen Bogens kommt eine fragmentierte Marmorstele aus Olbia mit folgender Inschrift in Betracht [2].

Schußweite des τόξον Σκυθικόν.

Φημὶ διακοσίας τε καὶ ὀγδοήκοντα ὀργυίας
Καὶ δύο τοξεῦσαι κλεινὸν Ἀναξαγόραν,
Ὑιὸν Δημαγορέω Φίλτεω δὲ παῖδα ὀργυιάς....

ich berichte, daß der berühmte Anaxagoras 282 Orgyien weit mit dem Bogen schoß u. s. w.

Diese Inschrift der Stele, die bei Gelegenheit eines Bogenwettschießens von Olbianer Bürgern errichtet worden war, berichtet also, daß der an erster Stelle genannte Anaxagoras 282 Orgyien = 521,7 m weit geschossen habe. Daß dies natürlich eine Ausnahmsleistung bedeutet, hat bereits Stern entsprechend gewürdigt [3]. Für uns kommt hauptsächlich die Durchschnittsleistung in Betracht. Xenophon Anab. IV, 3 erzählt, daß die Pfeile der persischen Schützen

---

[1] Dazu kommt, daß Herodot VII, 61 ff. bei der Schilderung der Truppenschau des Xerxes als Bogenmaterial der meisten asiatischen Völkerschaften Rohr τόξα καλάμινα anführt. Die Lykier (VII, 92) tragen Bogen aus Hartriegelholz τόξα κρανέϊνα, die Saker, ein Stamm der Skythen, landesübliche Bogen τόξα ἐπιχώρια (VII, 64). Vielleicht daß wir darin nach Pausanias I, 21, 8, wo die Sarmaten, ein anderer Skythenstamm, mit τόξα κράνινα erscheinen, ebensolche Bogen sehen dürfen. — Im übrigen ist nicht außer acht zu lassen, daß auch der Hornbogen neben dem weniger kostspieligen skythischen Holzbogen natürlich noch eine Rolle gespielt haben wird. — Beachte auch den Heraklesbogen, der als oberes Horn einen Schwanenkopf zeigt auf dem s. f. Vasenbild: Élite cér. I, pl. 56, B!

[2] Im Beiblatt der österr. Jahreshefte 1901(4), S. 58, (E. v. Stern).

[3] Gewiß wird hier auch ein zusammengesetzter Bogen anzunehmen sein, nicht der τόξον Σκυθικόν.

nicht 5 Plethren = 154 m weit reichten. Der Grieche sah also wohl in dieser Strecke keine besonders weite Flugbahn. Nehmen wir dazu, daß der skythische Bogen wohl ein über Feuer gekrümmter Holzbogen, daß ferner der Grieche an den kräftigen Aufzug bis ans r. Ohr gewöhnt war, so werden wir nicht zu hoch greifen, wenn wir als durchschnittliche Schußweite des skythischen Bogens etwa 170—180 m vermuten[1]. Die sonst so berühmten kretischen Schützen trafen nicht einmal so weit als die Perser, woran ihr stümperhafter Aufzug die Schuld trägt[2].

Bespannen des τόξον Σκυθικόν.

Da der homerische Bogen mit dem skythischen Bogen nicht identifiziert werden darf, postulierten wir für jenen auch eine besondere Art der Bespannung. Erst mit dem Eindringen dieser asiatischen Bogenform wird deshalb auch die für sie passende Art der Bespannung in Aufnahme gekommen sein. Daß diese Art der Bespannung aber speziell skythisch ist, beweist die Darstellung eines eben seinen Bogen bespannenden Skythen auf einer in Kul-Oba gefundenen Silbervase: Bosphore Cimmérien pl. 33.

Der Schütze kauert auf dem rechten Wadenbein auf der Erde, mit dem Gesäß auf der Wade hockend, Bogenrücken nach unten, das l. Bein zwischen Bogen und Sehne, so daß die Bauchseite des Bogens unterhalb der Bogenmitte sich an die untere Seite des l. Schenkels anpreßt. Der untere Bogenarm ist auf den r. Schenkel gestemmt, der den Gegendruck zu übernehmen hat. Die l. Hand stemmt unterhalb des oberen Bogenhornes den dazu gehörigen Bogenarm in die Höhe, die Rechte zieht den mit der

---

[1] Mit einfachen Holzbogen wird schon eine Schußweite bis zu 200 Schritt und zuweilen darüber erreicht.

[2] Porphyrios ad Θ 323: τοὺς μὲν Κρῆτας τὴν νευρὰν ἕλκειν ἐπὶ τὸν μαστόν, die Kreter ziehen die Sehne bis zur Brustwarze auf.

Öfe verfehenen Endteil der Sehne dem oberen Bogenhorn zu.

Es ist also ganz die gleiche Art der Bespannung, wie sie noch heute beim chinesischen Bogen gehandhabt wird[1].

Griechische Denkmäler zeigen die bespannenden Schützen

I. knieend.

Torfo, einer Amazone im Konservatorenpalast aus dem 6. Jahrh., äginetischer Schule. Römische Mitteilungen (= R. M.) 1889 (IV), S. 86.

Scherbe im Stile des Euthymides in München: Furtwängler Ägina S. 299, Abb. 250.

Bogenschütze in bunter Tracht, der im Knieen seinen Bogen bespannt. Bei der Schwierigkeit des Vorwurfs sind dem Maler mancherlei Verzeichnungen unterlaufen[2].

II. stehend.

Verzeichnetes Vasenbild aus Euphronischem Kreise: Festschrift f. Benndorf S. 66.

Die Stellung des hier dargestellten, bärtigen, nackten Mannes ist gerade dem Rahmen des Kreises angepaßt[3].

Weniger verständlich ist die Darstellung auf einer Schale aus Euphronischem Kreise: Hartwig Tf. 14, 1.

Der Jüngling rechts hat das Mittelstück des Bogens mit der Rückseite nach unten auf den Schenkel gestemmt. Die r. Hand hält den Bogen unterhalb des Horns gefaßt und sucht diesen Bogenarm dem anderen zuzubiegen, die

---

[1] Luschan (bei Benndorf) hat zwar recht, wenn er auf „zahlreichen Vasen- und anderen Darstellungen" die Art der Bespannung, wie sie beim „Turkestanbogen" gehandhabt wird, zu erkennen glaubt; doch darf er diese Bespannung nicht kurzweg „für den antiken Bogen" postulieren. Im übrigen wird der chines. Bogen für gewöhnlich im Stehen bespannt.

[2] Buchner in d. Ztschrft. f. Ethnol. 1908, S. 853. Knieend bespannt auch Herakles auf thebanischen Münzen der 2. Hälfte des 5. Jahrh. im Brit. Mus. Catal. Central Greece pl. XII, 2, 3—5.

[3] cf. auch den bespannenden Schützen: Daremberg-Saglio, Dict. I, 1, p. 389, fg. 472 und den Schützen am Friese des Heroon Tf. XXIV, B 2.

l. Hand mitsamt dem Bogenhorn leider fragmentiert. Bogensehne nicht sichtbar. Vielleicht soll dadurch angedeutet werden, daß der Jüngling den Bogen gar nicht bespannen, sondern nur seine Spannkraft erproben wollte.

Bogen und Bogenschütze auf jonischen und griechischen Denkmälern archaischen Stils.

Bogenformen.   I. Der Skythenbogen in seinen mannigfachen Variationen: Jonische Denkmäler: Goldringe Annali 1842, tav. U; Furtwängler Gemmen III, S. 85; Melische Vase, Conze Tf. 4; s. f. Hydria Brit. Mus. Catal. II, B 60, pl. I; Amphora, R. M. 1887, Tf. 9.

Jonisch-italische Denkmäler: Bronzerelief, R. M. 1894, S. 317, Fg. 22; bemalte Tontafeln, M. d. I. VI, 30, 2, 3; Spiegel Brit. Mus. Catal. n. 542, pl. 18.

Älter korinthische Vasen: Dodwellvase in München n. 372 (211), Lau, griech. Vas. Tf. III, 1 b; Aryballos, Micali Storia tav. 96, 14[1].

Jünger korinthische Vase[2]: Bonner Stud. S. 279, Fg. 7; M. d. I. VI, 33; Arch. Ztg. 1859, Tf. 125.

Bleifigürchen aus dem argivischen Heraion: Wace Sparta Mus. n. 694, p. 224.

Chalkidische Gefäße: A. V. 119—120, 190—191; M. d. I. I, 51; Bonner Stud. S. 256, Fg. 6.

---

[1] Bogen mit nicht allzustarker Einwölbung und Aufbiegung in der Hand der Artemis auf einer etwa gleichzeitigen korinth. Gemme in der Sammlung Arndt. Darnach wäre auch der Bogen des Schützen auf dem Pinaxfragment in Berlin n. 771, Ant. Denkmäler II, Tf. 30, 22 zu ergänzen.

[2] Auf Vasen dieser Gattung, chalkidischen und tyrrhenischen Gefäßen behauptet sich scheinbar vorzugsweise der Skythenbogen.

Tyrrhenische Amphoren: Jahrbuch 1889, Tf. 5—6, 1 a; Ant. Denkmäler I, 22; M. d. I. IX, 55[1].

Altattische Vasen: Sophilosscherbe, Jahrbuch 1898, Tf. 1; Klitiasvase F. R. V. Tf. 13[2].

II. Bogen mit Einwölbung am Mittelstück ohne Aufbiegung an den Enden.

Jonisch-italisches Vasenbild M. d. I. II, 18[3].

Korinthisches Pinaxfragment, Berlin n. 772: Vorgestreckter Arm nach rechts, Bogen und Pfeil in der Hand haltend. Einwölbung so stark, daß sie die Sehne berührt. Das umwickelte Mittelstück am dicksten, an den Enden dünner. Am erhaltenen einen Bogenhorn drei kleine, halbkreisförmige Linien[4].

Korinth. Alabastron: Amazonomachie, A. M. 1908, S. 112, Abb. 32.

Kleine altattische Amphora im Münchener Inventar n. 71: Gigantomachie.

III. Bogen mit Einwölbung der Mitte zu, die Bogenarme zu beiden Seiten der Einwölbung stumpfwinklig der Sehne zugeknickt, die Sehne läuft parallel mit der Einwölbung.

---

[1] Der Bogen auf dem Fragment 'Εφ. άρχ. 1883, πιν. 3 zeigt Einwölbung nach der Mitte, daselbst Umwicklung. In einem stumpfen Winkel steht auf jeder Seite ein Ohr nach unten. Das Stück nimmt auch insofern eine Sonderstellung ein, als es wahrscheinlich zu einer Bauchamphora gehörte.

[2] Unzählig sind die Beispiele auf den darauffolgenden attischen Vasenbildern.

[3] Ähnliche Bogenform auf einer Halsamphora in München n. 840 (1012). Roh jonisch-etruskisch.

[4] Herr R. Zahn teilte mir darüber mit: „Ob am Bogenende, da wo die Sehne ansetzt, die drei Linien beabsichtigt sind oder nur durch Zufall entstanden (durch Abspringen der Farbe), darüber konnte ich zu keiner Entscheidung kommen. Mit der Lupe gesehen scheinen der dicke, mittlere und der linke kleine Bogen wirklich geritzte Linien zu sein, was für Absicht spricht." Dafür spricht auch das untere Horn der Bogen auf dem Caeretaner Wandgemälde: M. d. I. VI, Tf. 30, 2.

Bleifigürchen aus Sparta (7. Jahrhundert): Revue arch. 1897, p. 10, fg. 2. Frau mit Bogen.

Karneolskarabäus (erste Hälfte d. 6. Jahrh.): Furtwängler, Gemmen I, Tf. 7, 8 — geschnittene Steine in Berlin n. 148. Herakles.

IV. Segmentbogen mit einem geschweiften Horn an jedem Ende [1].

Attisch älter s. f. Amphora: A. V. 95—96. Amazonomachie. Bogen des bärtigen Schützen mit starker Umwicklung [2].

Korinthisch-boeotische Denkmäler aus dem Ende des 6. Jahrhunderts [3]: Skyphosfragment in der Art wie Collignon couve pl. 39, 1120 der Sammlung Arndt. Dreifußraub. Die etwas gewölbte Sehne am bespannten Bogen des Apollon ist um jedes Bogenende herumgewickelt [4].

Fragment einer Bronzeplatte: Annali 1880, tav. H. Eberjäger. Die Sehne läuft von der Spitze jedes Horns aus.

V. Segmentbogen mit horizontalem Ohr an jedem Ende. Rottoniger Reliefpithos aus Theben [5]. B. c. h. 1898, p. 463, fg. 8.

Nackte, berittene Schützen. Der schraffierte, flache Bogenrücken am Mittelstück ziemlich breit, jeder Bogenarm läuft am Ende spitz zu [6].

---

[1] Eine Variation dieses Typus: A. V. 28; 165, 4. M. d. I. I, 9, 3; XI, 40. Diese Bogenform wie auch den einfachen Segmentbogen führen auf attischen Denkmälern vorzugsweise mythische Gestalten

[2] Ein zarter geformter Bogen dieser Art F. R. V. Tf. 16. Bogen des Apollon.

[3] Der Skythenbogen erscheint erst in der 2. Hälfte des 5. Jahrh. auf den Denkmälern Boeotiens. Skyphos im Berl. Inv. n. 3414, Odysseus u. Penelope. Thebanische Münzen mit bespannendem Herakles.

[4] cf. auch das Schalenbild mit Heraklesdarstellung A. M. —01, S. 146 (etwa aus der 2. Hälfte des 5. Jahrhunderts).

[5] Im Stil des von Wolters im 'Εφ. ἀρχ. 1892, pl. 8, 9 publizierten Pithos.

[6] Dieser Bogen stimmt mit dem als Schriftzeichen gesetzten Bogen

Protokorinthische Lekythos mit Jagddarstellung: Arch. Ztg. 1883, Tf. 10, 2.

VI. Segmentbogen.

Protokorinthische Herakleslekythos: Arch. Ztg. 1883, Tf. 10, 1. Bogen mit sehr starker Umwicklung.

Fragment desselben Stils: A. M. 1897, S. 304, Fg. 29. Bogen wie Pfeil orange.

Etruskische Vase: Gazette arch. VII, p. 200, pl. 28. Seegefecht[1].

Die Größe der Bogen in bespanntem Zustand beträgt auf den Darstellungen durchschnittlich 1½ Armlängen oder Hüfthöhe, also ungefähr 1 m[2]. Die antiken Bogen sind also etwas kleiner als die modernen Bogenarten.

Größe der Bogen.

---

auf dem Diskos aus Phaestos (Scripta Minoa p. 277, Ausonia 1908, p. 290) überein, wenn dieser im bespannten Zustand gedacht ist.

[1] Aus Transkaukasien. Gravierte Bronzevasen aus Georgien im geometrischen Stil: Revue arch. 1902, p. 74, fg. 7. Jagdszene. Der Jäger hält in der Hand des spitzwinklig gebogenen Armes Segmentbogen in Unterarmgröße. Sehne gerade. Der Pfeil, der etwas größer als der Bogen, steht senkrecht auf der Mitte der Sehne. Zwischen Bogen und Sehne, in jedem der zwei durch den Pfeil gebildeten Fächer je ein kleiner, mit der Sehne paralleler Strich. Pfeil mit zwei Widerhaken. — Gravierter Bronzegürtel etwa aus dem 7.—6. Jahrh. v. Chr. Schütze mit tierartigem Gesicht, der den Bogen vertikal vor sich gestellt hat. Nach Morgan hatte der Bogen eine Länge von 1,50—2 m. Mittelstück halbkreisförmig der Sehne entgegengesetzt ausgebogen. Am Ende jedes Bogenarmes Aufbiegung.

[2] cf. Brit. Mus. Catal. of Bronc. pl. 18; R. M. 1894, S. 317, Fg. 22. Micali storia tav. 96, 14; Gemme mit Artemisdarstellung der Sammlung Arndt. Etwas kleinere Skythenbogen auf der Wandmalerei M. d. I. VI; 30, 2, 3. Der schulterhohe Bogen des Herakles auf der Sophilosscherbe (Jahrbuch 1898, Tf. I) gehört zu den Ausnahmen und hat wohl auch mehr den Zweck der Raumfüllung. — A. M. 1908, S. 112, Abb. 32. — Furtwängler Gemmen I, Tf. 7, 8. — A. M. 1901, S. 146 — B. c. h. 1898, p. 463, fg. 8 — Gazette arch. VII, p. 200, pl. 28. — Ein nur armlanger Bogen auf der altattischen Amphora im Münch. Jub. n. 71.

Der Pfeil. Pfeil ohne Befiederung

I. dessen Schaft glatt endigt[1].

Reliefpithos mit Heraklesdarstellung: Majner, Vas. u. Ter. Fg. 12.

Korinthische Gefäße: Journ. of hell. stud. 1884, pl. ad p. 176; Dodwellvase, Lau griech. Vas. Tf. III, 1 b.

Protokorinthisches Fragment: A. M. 1897, p. 304, Fg. 29.

Altattische Amphora: Münchener Inventar n. 71.

II. mit knollenartiger Verdickung am Schaftende[2].

Boetisch-korinth. Skyphos d. Sammlung Arndt: Dreifußstreit. In der Verdickung großer Kerbausschnitt.

Tyrrhenische Amphora: M. d. I. IX, 55. Athena-Geburt. Die Kerbe ist an die Verdickung angesetzt[3].

III. mit kleiner Gabelung am Schaftende.

Chalkid. Amphora: M. d. I. I, 51. Kampf vor Troja. Der im Oberkörper des Achilleus steckende Pfeil[4].

Attisch älter s.f. Amphora: Ridder p. 133, n. 223. Herakles.

Die befiederten Pfeile, die erst etwa seit der Mitte des 7. Jahrhunderts auf den Denkmälern erscheinen, scheiden sich in

I. Pfeile, deren Kerbe am Schaftende eine kleine Gabelung bildet[5].

Korinthischer Pinax Berlin n. 772.

Innenbild der Sosiasschale: Ant. Denkmäler I, 10.

---

[1] Die hier nicht sichtbare Kerbe ist wahrscheinlich in das Schaftende eingeschnitzt.

[2] Die Verdickung setzt den primären Anzug voraus.

[3] So sind wohl auch die Pfeilenden zu verstehen, die aus dem Köcher aus der Phintiasschale ragen: F. R. V. Tf. 32.

[4] Der Pfeil im Fuß befiedert.

[5] Eine eingeschnitzte, viereckige Kerbe auf der etrusk. Wandmalerei: M. d. I. VI, 30; 2, 3. Beachte auch die tulpenförmig stilisierte Befiederung.

II. Pfeile, deren Kerbe halbmondförmig an den Schaft gesetzt ist.

Vasenbild des Amasis: Revue arch. 1889, I, p. 31.
Euphroniosschale: F. R. V. Tf. 22.

Die Befiederung sitzt teils unmittelbar am Schaftende[1] oder in einiger Entfernung[2] davon.

Auf dem Pinax in Berlin n. 772 ist der Teil des Schaftes, an dem die Befiederung sitzt, oben und unten durch einen Ring deutlich abgesetzt. Auf der Sosiasschale zeigt der Schaftteil, an dem die Befiederung sitzt, Umwicklung. Ebenso der Teil des Schaftes unmittelbar vor den Federn. Am Pfeil des Herakles auf dem Bronzewagenrelief aus Perugia[3] sind am Schaftteil, von dem die Befiederung ausgeht, horizontale Ringe bemerkbar, die Rohr als Material vermuten lassen.

Am häufigsten erscheint auf den Denkmälern die Spitze mit zwei Widerhaken[4], seltener die blattförmige Spitze mit Mittelrippe[5]. Einzig die Spitze mit nur einem Widerhaken[6].

Pfeilspitzen.

Als Material für Pfeilspitzen wurde vornehmlich Bronze verwendet. Von den zahlreichen in Olympia[7], auf

---

[1] Ant. Denkmäler I, 10; II; 14; 21, 3. Brit. Mus. Catal. of vas. pl. I, B 60. Bonner Stud. S. 279, Fg. 7. F. R. V. Tf. 22.

[2] Korinth. Pinax Berlin n. 772. Unbeholfen ist die Befiederung am Pfeil der Artemis auf dem mel. Gefäß, Conze Tf. 4. Ungewöhnlich auch die Befiederung in der Mitte des Schaftes: Ant. Denkmäler II, Tf. 30, 22.

[3] Ant. Denkmäler II, 14.

[4] Unzählige Beispiele.

[5] Arch. Anzgr. 1886, S. 146, n. 2955. Vier blattförmige Spitzen ragen aus dem Köcher des Herakles auf der protokor. Lekythos. Einen Pfeil mit zwei Widerhaken schießt er eben ab.

[6] Euphroniosschale F. R. V. Tf. 22. — Scheinbar dreieckige (?) Spitze auf der altatt. Amphora im Münch. Inv. n. 71.

[7] Bronzen Tf. 64, n. 1076 ff.

Ägina[1], Melos[2] und im Kuppelgrab von Menidi[3] gefundenen Spitzen lassen sich nur letztere mit Sicherheit datieren. Von ihnen gehören nämlich alle nichtmykenischen Spitzen rund vor das Jahr 450 v. Chr., da sich hier als späteste attische Vasenklasse nur Scherben vom streng schönen Stil fanden[4].

Als Beigabe eines Toten erscheint neben einem Eisenschwert eine blattförmige Bronzespitze mit Tülle von 3,8 cm Länge und seitlichem, fragmentierten Widerhaken in der samischen Nekropole aus der 2. Hälfte des 6. Jahrhunderts[5]. Neben der Spitze fand sich eine Terrakotte, einen spitzmützigen Reiter darstellend[6].

Länge der Pfeile.

Die Länge des Pfeils (mit Spitze) beträgt für gewöhnlich ³/₄ der Bogenlänge. Im allgemeinen richtet sie sich nach der Größe des Bogens.

Köcher.

Köcher verschiedener Form mit flachem Deckel.

Jonisch s. f. Hydria: Brit. Mus. Catal. II, B 60, pl. I. Seegefecht. Köcher geschweift, spitz endigend. Deckel aufgesetzt.

Korinth. Pinax Berlin n. 764, Ant. Denkmäler I, Tf. 7, 15. Ajas und Teukros. Köcher von konischer Form, nach dem Boden zu sich erweiternd. Deckel aufgesetzt.

Korinth. Henkelkrater, Pottier Album E 634, pl. 48. Gelageszene. Über den Schmausenden Köcher, Bogentasche, Schwert im Feld. Köcherboden abgerundet. Das Tragband läuft von zwei knopfähnlichen Gegenständen an der unteren Hälfte des Köchers aus.

Attisch s. f. Krater: Pottier Album E 875, pl. 62.

---

[1] Furtwängler Tf. 117, n. 42 ff.
[2] Excavations Plylakopi in Melos p. 222 f.
[3] Tf. IX, 8 ff.
[4] Kuppelgrab v. Menidi S. 50; Jahrbuch 1899, S. 135.
[5] Böhlau Nekropolen Tf. 15, 8. Montelius (Civilisation Ser. B, pl. 139,8) setzt diesen Spitzentypus in die 4. Bronzezeit.
[6] Böhlau Tf. 14, 4.

Kampfszene: Köcher lang, schmal, schraffiert, spitz endigend. An der Seite des aufgesetzten Deckels kleiner Hacken, scheinbar als Handhabe.

f. f. Lekythos: Annali 1835, tav. C, 2. Herakles und Stier. Köcherboden flach. An der unteren Köcherwand, etwas unterhalb der Öffnung kleine Ausbauchung, darauf ein knopfähnlicher Gegenstand. Der aufgesetzte Deckel läuft an seiner unteren Seite in eine Spitze aus.

Zylindrischer Köcher.

I. mit halbkugelförmigem Deckel.

Reliefpithos: Masner Vas. u. Terr. n. 207, Fg. 12. Herakles und Kentauren. Deckel aufgesetzt.

Jonisch-italischer Bronzedreifuß: Amer. Journ. 1908, Ser. II, pl. 18, C, 3a.

Der Deckel hängt an einem Riemchen weg[1].

Korinthische Gefäße:

M. d. I. VI, 33. Troische Kampfszenen. Deckel an an einem Riemchen weghängend.

Jahrbuch 1898, Tf. 12. Herakles u. Hydra. Deckel gleich an den Köcherrand angesetzt, zurückgeklappt[2].

Chalkidische Gefäße:

A. V. 323. Herakles u. Geryoneus. Köcher geschuppt. Entlang der Öffnung Mäanderband. Deckel zurückgeklappt. Über der Öffnung, auf der Innenseite des Deckels scheinbar oblonges Scharnier.

A. V. 105—106. Herakles u. Geryoneus. Köcherboden abgerundet. Der Köcher erweitert sich der Öffnung zu. Deckel am Riemchen. Ein über den Köcher hinausragender Zipfel[3]. Entlang der Öffnung Mäanderband.

---

[1] cf. gleich hier die chalkidischen Bilder: A. V. 105—106, 190—191.

[2] Gleicher Deckel auf d. chalkid. Vase: M. d. I. I, 51; att. f. f. Amphora Mus. Greg. II, 31, 1 a.

[3] Hauser erkennt darin einen „im Profil gesehenen Schild" (F. R. V. ad Tf. 101). Ähnliche Köcher mit Schild auf Vasenbildern

Attisch f. f. Gefäße:

München n. 592 (1108 A). Herakles u. Kyknos. Am aufgesetzten Deckel kleine Öse als Handhabe. Unterhalb der Öffnung an der einen Köcherwand zwei Ösen im Abstand, von denen das Tragband ausläuft. Von jeder Öse hängen je drei feine, kurze Schnüre (wohl Schmucktrobbeln) weg. Von ähnlichen Ösen wird das Band auf jeder Seite unterbrochen.

München n. 1567 (567 B). Herakles u. Amazonen. Klappdeckel, an dessen unterem Rand ein kleiner Zipfel befestigt, der vielleicht ein leichteres Öffnen ermöglichen soll.

II. mit Klappdeckel, der einen spitzen Kegel bildet[1].

Kyrenäische Schale: Arch. Ztg. 1881, Tf. 12, 1. Herakles u. Kentauren. Klitiasvase: F. R. V. Tf. 13. Köcher des Kimmerios.

Attischer, den tyrrhen. Amphoren nahestehender Deinos: Akropolisvasen Tf. 31, n. 606.

Vasenbilder des Amasis: Amer. Journ. 1907, pl. 12. Revue arch. 1889, I, p. 31.

f. f. Amphora in München n. 1575 (499). Kithara spielender Herakles. Deckel aufgesetzt. In einer kleinen Entfernung von der Öffnung am hinteren Köcherrand ein Ring, von dem eine Art Haarbüschel weghängt. Köcherboden flach.

Köcher verschiedener Form mit Lappendeckeln:

---

gleichen Stils: F. R. V. Tf. 101 = A. V. 323; A. V. 190—191 (Köcher des Schützen zu Fuß), der Köcher des berittenen Schützen abweichend von allen Köcherformen dieser Stilgattung: Er ist zylindrisch, nach dem Boden zu ausgewölbt. Aufgesetzter Deckel flach, oben mit einem kleinen Zapfen als Handhabe. Auf der Mitte der Rückseite des Köchers ein kreisrundes Loch. Schild befestigt.

[1] Wahrscheinlich ist auch der Deckel am Köcher des Herakles auf dem korinth. Vasenbild hierher zu ziehen: Arch. Ztg. 1859, Tf. 125.

I. Schmuckloser Lappen.

Jonischer Goldring: Annali 1842, tav. U. Apollon und Tityos. Köcher sackartig, am Ende eine Art Bommel. Der Lappendeckel hängt lose über die Öffnung.

Etrusk. Spiegel im Brit. Mus. n. 544. Herakles und Hydra. Der geschuppte Köcher klingt am unteren Ende in eine Spirale aus[1]. Der Deckel zeigt stoffähnliche Falten.

Klazomenische Sarkophage:

München: Jahrbuch 1907, Abb. 16. Spitzmütziger Mann nach rechts. Vom Köcher nur ein Stück vom mittleren Teil zwischen den Beinen des Mannes sichtbar, dazu die Öffnung mit Deckel, der in einem langen, schmalen, herunterhängenden Zipfel besteht.

Monuments Piot 1897, pl. IV—V. Im oberen Bildstreifen spitzmütziger Mann. Köcher nach dem Ende zu sich erweiternd, Boden abgerundet. Deckel, über der Öffnung volutenartig, fällt in einem langen Zipfel herab. Korinth. Aryballos: M. d. I. III, 46, 2. Herakles und Hydra. Deckel ein weghängender, eckiger Lappen[2].

II. Behaarter Lappendeckel.

Jonisch. Deinos: B. c. h. 1893, p. 428, pl. 18. Hopliten u. Bogenschützen. Der im Profil oblonge Köcher

---

[1] Ähnlich spiralenförmig endigende Köcher auf etwa gleichzeitigen r. f. Schalen: München n. 2629 (440); F. R. V. Text S. 174. — Auf einem etrusk. Spiegel: Brit. Mus. Catal. pl. 18, n. 542. — Zum Deckel vergl. das Bild der Euphroniosschale: Festschrft. f. Benndorf S. 66. — Köcher, deren Lappen straff angezogen sich dem obersten Köcherteil anschmiegen: Metope vom Schatzhaus der Athener in Delphi Fouilles pl. 41; archaische Heraklesstatuette in Kassel, Roscher Lexikon I, Sp. 2149; Grabstele in Kandia aus der 2. Hälfte des 5. Jahrh., österr. Jahresh. 1903, Tf. I.

[2] Ähnlich der Lappen am Prunkköcher der Artemis auf d. tyrrhen. Niobidenvase: Ant. Denkmäler I, 22. Der Deckel ist durch einen Ring befestigt. — Unklar der Deckel auf dem älter s. f. Vasenbild. Ridder p. 133, n. 223.

in vier horizontale Ornamentfelder geteilt. Der spitz endigende, über die Öffnung herunterhängende Deckel unten behaart.

Tyrrhenische Amphoren:

Ant. Denkmäler I, 22. Niobidendarstellung. Apollon mit Prunkköcher, Bodenrundung mit einer halben Rosette[1] geschmückt. Deckel oval, oben behaart.

Arch. Ztg. 1858, Tf. 114, 2. Herakles u. Prometheus. Köcher eckig. Öffnung abgeschrägt. Deckel oben behaart.

Weißgrundiges Alabastron im Berl. Inv. n. 2142. Jugendlicher Schütze. Am Hüftband Köcher, dessen oberer Rand dem unteren, geraden am Ende zugeschweift ist. Deckel sehr lang herunterhängend. Am Ende seines unteren Randes behaart.

III. Lappendeckel, dessen Ende fingerartig ausgeschnitten ist[2].

A. V. 54. Dreifußstreit. Köcher des Apollon zylindrisch. Gegenüber der Stelle, wo der Deckel angesetzt ist, hängt vom Köcherrand ein halbkreisförmiger Lappen herab, der scheinbar eine Tasche verdeckt[3].

M. d. I. IX, 11 Herakleskämpfe.

A. V. 54. Herakles und Achelous.

IV. Kunstvoll ausgeschnittene Lappendeckel.

Besondere Sorgfalt auf die Ausführung der Köcherdeckel verwendet man erst seit der Zeit des Epiktet.

---

[1] Eine Palmette als Füllung der Bodenrundung auf einem Vasenfragment streng r. f. Stils in Erlangen.

[2] Diese Form hält sich nur im jünger f. f. Stil.

[3] Diese Klappe ist im jünger f. f. Stil zuerst bemerkbar. cf. noch die Vasenbilder: Österr. Jahresh. 1900, S. 64, Fg 6; S. 65, Fg. 7. A. V. 113; 193; 97, 1. Vermutlich haben wir in dieser Klappe den Verschluß einer kleinen Tasche zur Aufbewahrung einer Reservesehne oder drgl. zu erkennen.

Teils wird der untere Rand des Deckels einfach aus=
gezackt [1], teils spiralenförmig kunstvoll ausgeschnitten [2].

Köcher mit schwanzartigem Deckel:

s. f. Innenbild einer Andokidesschale: Pottier Album
F 126, pl. 73. Bunt gekleideter Schütze. Der Köcher wird
dem abgerundeten Boden zu enger. Deckel lang herunter=
hängend. Kantharos des Duris: F. R. V. Tf. 74. Der
Herakleskocher in der Mitte mit Rauten gefüllt. Unter der
Öffnung Taschenklappe. Deckel ziemlich klein.

Köcher, die zugleich als Bogentasche dienen:

Jonische Denkmäler:

Melisches Gefäß, Conze Tf. 4. Apollon und Musen
auf Flügelgespann. Gegenüber Artemis. Ihr etwa hüft=
hoher Köcher ist deutlich in zwei Teile geschieden. Der
untere, spitz auslaufende Teil ist scharf vom oberen, zylin=
drischen Teil abgesetzt. Auch stimmt jener, der wie das
Köcherband in Braun gehalten ist, nicht mit der Farbe
dieses überein. Der untere Teil bildet wahrscheinlich die
Bogentasche. Aus der Köcheröffnung ragt neben sechs
Pfeilen ein Bogenarm mit doppelter Kurve, also in un=
bespanntem Zustand. Der schwarz gemalte, zylindrische
Köcherteil ist wohl der eigentliche Pfeilbehälter. Halb=
kugelförmiger Klappdeckel hinten weghängend [3].

Jonisch=etruskischer Erzhelm aus Vulci: Babelon-Blanchet n. 2013. Über dem Visier Reliefbild. Apollon und
Herakles streiten um die Hirschkuh. Köcher des Apollon am
Hüftband an der l. Seite. Der im Profil eckige Köcher
erweitert sich der Öffnung zu. Der Deckel ist eine lange,
herabhängende Lasche. Oberhalb des Deckels ragt aus dem
Köcher der Endteil eines zweiten Bogens, von dem auch

---

[1] Murray Desings pl. IV, n. 15; Schale in München n. 2629 (440).

[2] Murray pl. V, n. 19; F. R. V. Tf. 112, 61, 113 beachte hier auch die kunstvolle Verzierung des Köchers.

[3] Derselbe Deckel aufgesetzt: Ἐφ. ἀρχ. 1894, πιν. 13.

aus dem untern Ende des Köchers hervor noch ein kleines Stück sichtbar ist.

Attische Vasenbilder:

Amphora s. f. späteren Stils: München n. 1414 (7). Herakles und der Löwe. Köcher mit abgerundetem Boden. Entlang der Öffnung breites Band mit Schlangenlinie. Darunter Taschenklappe. Von dieser ab ein den ganzen Köcher durchziehendes Feld mit Spiralen. Die obere Köcherseite in Form eines Skythenbogens. Das Endteil des einen Bogenarmes ragt neben Pfeilenden aus der Köcheröffnung. Deckel, vorne spitz, scheinbar behaart, zurückgeschlagen [1].

Köcher mit besonders angesetzter Bogentasche:

Vasenbilder s. f. späteren Stils, die den Kampf des Herakles mit dem Löwen zeigen. Köcher jedesmal im Feld: Schulterbild einer Hydria in Würzburg n. 131, A. V. 308, 1. Das Profil des Köchers an der Öffnung eckig, am Boden abgerundet. Etwa von der Mitte der Bodenrundung ab ist an den unteren Köcherrand ein Futteral angesetzt, das bis etwas unterhalb der Köcheröffnung reicht. Von hier aus ist es in Form eines Bogenhorns geschweift [2].

s. u. r. f. Andokidesschale: Jahrbuch 1889, Tf. 4. Köcher des Epheben. Das Bogenfutteral umschließt nur den einen Bogenarm.

Brygosschale: Brit. Mus. Cat. III, E 65; M. d. I. IX, 46 = F. R. V. Tf. 47. Herakles in bunter Tracht gegen Silene. Köcher scheinbar zylindrisch mit abgerundetem Boden. Vom

---

[1] cf. die gleichzeitigen Vasenbilder: A. V. 125; österr. Jahrb. 1900, S. 65, Fg. 7: Andokidesschale Jahrbuch 1895, Tf. 4. Onesimosschale Hartwig Tf. 55, einer der Schützen zu Fuß scheint allerdings einen aus zwei Futteralen bestehenden Köcher zu tragen.

[2] Ähnliche Futterale an Köchern auf einer s. f. Amphora: München 4412 (64). Bauchamphora gleichen Stils in Berlin. Miltiadesschale, Ashmoleam Mus. pl. 13. Phintiasschale in München n. 2590 (401), F. R. V. Tf. 32. Relieffragment aus Theben, A. M. 1905, Tf. 13. Danach zu ergänzen ist der Köcher des „Paris" im westlichen Äginagiebel, Glyptothek n. 81.

Boden bis zur Mitte des Köchers vertikale Punktlinie. Hahnenkammartiger Deckel zurückgeschlagen. An die untere Köcherwand ist mit zwei Bändern ein spitzkegelförmiges Futteral angesetzt.

Köcher, auf den der Bogen mittelst Riemen aufgebunden[1].

Kyrenäische Schale: Arch. Ztg. 1881, Tf. 12, 1.

Vasenbilder s. f. späteren Stils: Scherbe in München. Schütze hinter einem Schwerbewaffneten.

Lekythos aus Eretria: Journal of hell. stud. 1892, pl. III. A. V. 70, 4; 193.

Amphora des Andokides: München Jahn n. 388, F. R. V. Tf. 4.

Epiktetische Vasenbilder Murray Desings pl. V, n. 19. Vorlageblätter Ser. D, Tf. 3.

Vasenbilder aus dem Kreis des Euphronios: F. R. V. Tf. 235, Text S. 174. Bild aus dem Kreis des Duris: F. R. V. Tf. 113.

Besonders bemerkenswerte Köcherformen[2].

Klazomenische Sarkophage:

Monuments Piot 1897, pl. IV—V. Unterer Bildstreif. Reiterschlacht. Von den Köchern nur der obere Teil sichtbar. Über die abgeschrägte Öffnung ragt oben ein schmaler, etwas gebogener, oben kreisförmig abschließender Teil vor[3].

---

[1] Zu diesem Zweck gehören wohl auch die Riemchen am Köcher des Herakles auf der protokorinth. Lekythos (Arch. Ztg. 1883, Tf. 10,1) und das S-förmig gewundene Riemchen am Köcher der zielenden Amazone auf der Amphora s. f. älteren Stils A. V. 95—96.

[2] Beachte auch folgende s. f. Vasenbilder, deren Köcherdeckel nicht ganz verständlich: A. V. 95—96 Köcher der Amazone. Arch. Ztg. 1884, Tf. 4; A. V. 63; München n. 1487. — Einzig in so alter Zeit der Prunktöcher am Timonidasspinax Berlin n. 846, Ant. Denkm. I, Tf. 8, 13.

[3] Die gleiche Gorytform auf einer Gemme des 5. Jahrh. aus Cypern: Furtwängler I, Tf. 9, 21. Es ist die persische Gorytform.

Ant. Denkmäler I, 44. Köcher des spitzmützigen „Dolon" scheinbar von oblonger Form. An der Öffnung ein nach jeder Seite schräg hinausstehender Zipfel [1].

Bronzedreifuß aus Perugia: Americ. Journal Ser. II, pl. XV, B, 3 a. Herakles und Löwe. Köcher mit volutenartigem Deckel. Vom Ende der Volute fällt eine Art gezacktes Tuch oder dergl. über die ganze Rückseite des Köchers herab. Am Boden eine kleine, über den eigentlichen Köcher vorgeschobene Rundung [2].

Bronzerelief aus Perugia: R. M. 1894, S. 317, Fg. 22. Schütze mit Bogen und Pfeil. Hinterkopf fragmentiert. Anscheinend trug er Mütze mit Federbusch, von dem noch ein Teil erhalten. Am Rücken den mit Rauten verzierten Köcher. Der abgerundete Köcherboden tritt nach seiner Rundung etwas über die Köcherhülle vor. Deckel volutenartig.

Nolanisches Vasenbild im Berliner Inventar n. 973. Bärtiger Schütze mit Pelte, Bogen, Streitaxt. Köcher am Schulterband. Der untere Köcherrand dem oberen am Ende zugeschweift. Die Mitte des auffällig breiten Köchers nimmt ein scheinbar von den oberen Köcherecken auslaufendes und mit der Spitze ungefähr an der Mitte des Köchers aufstehendes Dreieck ein. Rechts davon an die obere Köcherwand sich anlehnend ein Wellenornament. Entlang der Öffnung ein Band mit übereinander gestellten Viereckchen. Unter diesem Band ist der Deckel angesetzt,

---

[1] Zahn (die Darstellung der Barbaren in griech. Literatur und Kunst der vorhellenistischen Zeit. Heidelberger Dissertation 1896, S. 64) vergleicht die Köcherform einer Scherbe aus Naukratis (Brit. Mus. Catal. II, B 102, 28) mit dem Gorÿt des Pferd dressierenden Skythen auf der Nikopolschen Silbervase. Die Form der Mütze und des Köchers soll diese Scherbe mit der Darstellung auf diesem Sarkophag verbinden. Hält man indes den Gorÿt des Skythen mit dem des „Dolon" zusammen, so wird man eine Ähnlichkeit nur schwer erkennen.

[2] Auch pl. XVII trägt Herakles ähnlichen Köcher.

dessen eine Hälfte auf die sichtbare Seite des Köchers herübergeklappt ist. Die andere Deckelhälfte wird unter dieser herübergeschlagenen sichtbar. Der untere Deckelrand halbkreisförmig ausgeschnitten, abgeschrägt.

Archaische Bronzeplatte aus Olympia n. 717, Tf. 40. Knieender Herakles. Auffällig die ausnehmende Größe des Köchers. Öffnungsrand gerade, verschlossen (?). Der obere Köcherrand dem unteren geraden am Ende zugeschweift. Entlang dem Öffnungsrand und dem oberen Köcherrand ein breites Band, darinnen Kreise in Abständen. Der ganze innere Teil der Köcherwand quadriert. Über dem oberen Köcherrand zwei große Ringe, von denen aus das Tragband über die r. Schulter des Helden läuft[1].

Köcher ohne Deckel:

Reliefpithos: B. c. h. 1898, p. 463, fg. 8. Reiterprozession. Die sichtbare oblonge Köcherwand ist mit einem vertikal laufenden Zickzackband geziert. Über der Öffnung Pfeilspitzen sichtbar.

Jonische Amphora: M. d. I. III, 50. Kampfszene.

Korinth. Pinax: Ant. Denkmäler II, Tf. 29, 9. Nackter Schütze nach rechts. Köcher von konischer Form, verengert sich nach unten zu. In der Mitte des Köchers, oben und unten von einem umlaufenden Band eingeschlossen, eigentümlich schlangenartige Zeichnung, die als Ornament nicht recht verständlich. Vielleicht soll es einen Henkel oder dergl. darstellen.

---

[1] Furtwängler glaubt im Text S. 107, daß innerhalb der attischen Vasen dieser Köcher auf der Stufe des jünger s. f. Stils in den Heraklestypus eingedrungen sei. In derselben Stilstufe läßt auch Furtwängler bei Roscher Sp. 2154 den an der Seite getragenen Köcher bei Herakles erscheinen. Beide Ansichten widerlegt das Heraklesbild auf der Sophilosscherbe im Jahrbuch 1898, Tf. I. — Köcher, die sowohl in der Form als in der Ausstattung dem Köcher der Bronzeplatte näher kommen, erst auf Gemmen aus dem Anfang des 5. Jahrhunderts bei Furtwängler I, Tf. 9, 20. vergl. auch Tf. 9, 24, wo der Köcher zugleich Bogentasche ist.

Korinth. Dodwellvase: Lau, griech. Vas. Tf. III, 1 b.
Protokorinth. Heraklesleythos: Arch. Ztg. 1883, Tf. 10, 1. Sichtbare Köcherwand von oblonger Form.
Tyrrhen. Amphoren: 'Εφ. ἀρχ. 1883, 3; Mus. Greg. II, 90.
Sophilosscherbe: Jahrbuch 1898, Tf. I. Köcher an der Öffnung eckig, am Boden sich verengernd, abgerundet. Attische Amphora s. f. ältern Stils in München n. 1375 (392 A): Münchener Stud. S. 493, Fg. 24. Kampfszene. Köcher zylindrisch.
Attische Gefäße s. f. jüngeren Stils: München n. 2104 (1235); n. 1507 (541); Brit. Mus. Cat. II, B 169; A. V. 100).
Epiktetischer Kreis: Pottier Album pl. 89, G. 5).
Nolanisches Vasenbild: Gerhard Trinkschalen Tf. 21. Furtwängler, Gemmen I, Tf. 6, 58; Tf. 8, 48.

Bogentasche oder Goryt. Besondere, d. h. vom Köcher getrennte Bogentaschen im Felde zeigen folgende Vasenbilder:

Korinthischer Henkelkrater im Louvre, Pottier Album E 634, pl. 48 Gelageszene. — Quer über Köcher und Schwert das etwas geschweifte, an jedem Ende aufgebogene, nach dem einen Ende zu breiter werdende Futteral. In der Nähe des oberen und unteren Endes ein knopfähnlicher Gegenstand, von dem das Tragband ausläuft.

Attisch s. f. Amphora in München n. 592 (1108 A). Herakles und Kyknos. — Ebenfalls quer über dem Köcher das etwas geschweifte Futteral. Es ist etwas schmaler als auf dem Pariser Bild und an den Enden nicht aufgebogen. Vom oberen Ende des Futterals stehen drei kleine Fäden (?) schräg in die Höhe. Das ganze Futteral durchzieht eine Wellenlinie [1].

---

[1] Wahrscheinlich haben wir auch in dem am Ende abgerundeten Futteral, dessen Endteil unter dem I. Oberschenkel des Bogenschützen auf dem Münchener s. f. Gefäß [n. 1375 (392 A), Münchener Stud. S. 493, Fig. 24] sichtbar wird, eine Bogentasche zu erkennen.

Auf jonischen Monumenten tragen die Schützen den Köcher an einem Schulterband am Rücken[1], an einem Schulterband an der linken Seite[2], an einem Hüftband[3], an einem Band am linken Oberarm[4], vor die l. Brust gezogen[5]. Die korinthischen Denkmäler zeigen den Köcher am Rücken[6]; erst mit dem aus dem Osten übernommenen Motiv des zurückschießenden Reiters bürgert sich offenbar die Sitte ein, den Köcher an einem Hüftband an der Seite zu tragen[7]. Die Schützen auf protokorinthischen Gefäßen tragen den Köcher am Rücken[8]. Auf chaltidischen Denkmälern erscheint der Köcher am Rücken[9] und an einem Hüftband an der Seite[10]. In Böotien trägt man im

Tragen des Köchers bezw. Goryts.

---

[1] Americ. Journ. 1908, Ser. II, pl. XII ff.; Conze, Mel. Tongej. Tf. 4; 'Εφ. ἀρχ. 1894, πιν. 13; an zwei über der Brust sich kreuzenden Bändern trägt den Köcher Herakles auf der (spartanischen?) kyrenäischen Schale, Arch. Ztg. 1881, Tf. 12, 1. — Ebenso Herakles auf dem Bronzeblech aus Olympia Tf. 31, n. 696, auf dem Vasenbild attischen älter s. f. Stils: Ridder p. 133, n. 223.

[2] Brit. Mus. Cat. II, B 60, pl. I; Münch. Stud. S. 296, Abb. 22; Deinos im Louvre B. c. h. 1893, p. 428, pl. XVIII, diese Angabe macht Zahn S. 63 a. a. O. offenbar nach dem Original, da an der Abbildung ein Schulterband nicht bemerkbar ist.

[3] Babelon-Blanchet n. 2013 Erzhelm, Klazomenische Sarkophage.

[4] Würzburg n. 328, M. d. I. III, 50 auf dem Bild des Schulterstreifens der Schütze rechts. Dieses Motiv hielt sich scheinbar nur im etruskischen Kunstkreis: s. f. Kantharos, der unter attischem Einfluß gearbeitet wurde in München n. 1350 (105). Die verhältnismäßig kleinen Köcher gleichen sich fast ganz.

[5] Die Reiterfiguren: Zahn S. 49; Abb. 1, S. 51.

[6] Ant. Denkm. I, Tf. 7, 15; Lau, griech. Vas. Tf. III, 1 b.

[7] Bonner Stud. S. 279, Fg. 7. Scheinbar schwand damit zugleich die Vorliebe der korinthischen Vasenmaler, ihre Schützen mit dem Helm der Schwerbewaffneten darzustellen.

[8] Arch. Ztg. 1883, Tf. 10, 1; A. M. 1897, S. 304, Fg. 29.

[9] A. V. 323; 190—191.

[10] M. d. I. I, 51; Bonner Stud. S. 256, Fg. 6.

5. Jahrhundert den Köcher an der Seite¹. Die tyrrhenischen Amphoren zeigen den Köcher am Rücken² und an der Seite³.

In Attika erscheint zum ersten Mal der an einem Schulterband an der Seite getragene Köcher auf den altattischen Vasenbildern⁴. Der am Hüftband an der Seite getragene Köcher begegnet erst im s. f. späteren Stil⁵. Auch die Sitte des am Rücken getragenen Köchers ist noch nicht geschwunden⁶.

Aufzug und andere bemerkenswerte Dinge. Der am meisten geübte Aufzug ist der zum Gesicht bezw. bis zum r. Ohr⁷. Nur vereinzelt erscheint der Aufzug bis zur Brustwarze⁸. Bisweilen halten die dargestellten

---

¹ Schale mit Heraklesdarstellung etwa aus der 2. Hälfte des 5. Jahrh.: A. M. 1901, S. 146.

² Ant. Denkm. I, Tf. 22; Arch. Ztg. 1858, Tf. 114, 2.

³ Jahrbuch 1889, Tf. 5—6, 1a; *Ἐφ. ἀρχ.* 1883, πιν. 3; Mus. Greg. II, 90.

⁴ Jahrbuch 1898, Tf. 1; F. R. V. Tf. 13.

⁵ Schale in München n. 2104 (1235); Amphora d. Amasis Luynes pl. 1 = Vorlegebl. 1889, Tf. 3, 2c.

⁶ Älter s. f. Amphora in München n. 1375 (392A), Münch. Stud. S. 493, Fg. 24; Akropolisvasen Tf. 31, n. 606. — Zu den Ausnahmen gehört das Vasenbild s. f. späteren Stils in d. Österreich. Jahresh. 1900, S. 64, Fg. 96, wo Herakles den Köcher an zwei quer über den Thorax laufenden Bändern trägt.

⁷ Von den unzähligen Beispielen nur einige: Annali 1842, tav. U; Gazette arch. 1881/82, p. 200, pl. 28, der Schütze hat eben Pfeil und Sehne, die gerade gezeichnet ist, losgelassen, da die r. Hand noch in anziehender Stellung ist; A. V. 119—120; Arch. Ztg. 1883, Tf. 10, 1; Bonner Stud. S. 279, Fg. 7; Mus. Greg. II, 90; F. R. V. Tf. 13; Arch. Ztg. 1851, Tf. 31.

⁸ Arch. Ztg. 1883, Tf. 10, 2; 1858, Tf. 114, 2. Wace Sparta Mus. S. 224, n. 694. Das Halten des Bogens in der halbgesenkt vorgestreckten Hand (Arch. Anzgr. 1886, S. 146, n. 2955; Jahrbuch 1887, S. 204; Annali 1880, tav. H; M. d. I. VI, 33 der Schütze links) hat nicht immer den Aufzug bis zur Brustwarze zur Folge: cf. Arch. Ztg. 1883, Tf. 10, 1.

Schützen den Bogen wider die Gewohnheit mit der Hand des rechten Armes vor [1]. Das Vorstrecken des Zeigefingers der l. den Bogen haltenden Hand erscheint ziemlich häufig [2].

Auf dem Fragment eines Terrakottafrieses aus Cäre bei Zahn S. 58 erscheint ein nach rückwärts gewandter Reiter mit der Armhaltung eines Schießenden. Auf der Oberseite der beschädigten Hand eine horizontale Rinne.

Wie schon Zahn richtig vermutet, gehört die Rinne zur Aufnahme des Pfeils, um den Aufzug möglichst zu erweitern.

Scheinbar nur auf die jonischen Denkmäler beschränkt ist das Tragen eines Schutzstückes über dem Knie; es wird durch eine Erhebung über den Hosen bemerkbar [3].

Im jonischen Kunstkreis erscheint ferner zum ersten Mal das Mittragen eines Reservebogens im Köcher [4]. In Attika fand diese Sitte erst zur Zeit des später s. f. Stils Eingang. Die attischen Schützen tragen den Reservebogen teils auch im Köcher [5], teils auf den Köcher aufgebunden [6].

---

[1] Auf Denkmälern mykenischer Zeit: Furtwängler, Gemmen I, Tf. 2, 24; Tf. 2, 8. — Denkmäler archaischer Zeit: Bleigürtchen im Sparta-Mus. S. 224, n. 694; altatt. Amphora im Münch. Inv. n. 71; altattische, dem Tyrrhenischen nahestehende Amphora: Pottier Alb. E 864; M. d. I. 1856, X, 1.

[2] Dreifuß aus Perugia Amer. Journ. 1908, Ser. II, pl. XIV, B, 2c. Chalkid. Vasenbild A. V. 119—120. Onesimosschale Hartwig Tf. 55, 56.

[3] Bronzereiter Brit. Mus. Catal. n. 560, M. d. I. V, 25; Amphora in Würzburg n. 328, M. d. I. III, 50 das Schutzstück ist hier durch rote Farbe kenntlich gemacht; Hydria im Brit. Mus. Catal. II, B 60, pl. I bei den zwei auf dem Vorderdeck knieenden Schützen; Noël des Vergers, L' Étrurie pl. XV Nachahmung eines jonischen Vorbildes.

[4] Jonisch-etrusk. Erzhelm bei Babelon-Blanchet n. 2013.
[5] A. V. 125.
[6] Scherbe in München: Bogenschütze hinter einem Schwerbewaffneten; epiktetisch. Schalenbild: Murray Desings pl. V, n. 19.

Reitende Bogenschützen.

Bogenschützen zu Pferd zeigen folgende archaische Denkmäler:

Rottoniger Reliefpithos aus Theben[1] im B. c. h. —98, p. 463, fg. 8: Fünf bärtige, nackte, berittene Schützen. Auf dem Kopfe rückwärts gebogene, spitze Mütze, die die Ohren frei läßt, die Stirne bedeckt und mit Rosetten geschmückt ist. Unter der Mütze eine zopfähnliche Haartracht sichtbar. Die Schützen tragen bespannten Bogen geschultert. Wohl das älteste uns bekannte Bild von Hippotoxoten aus dem griechischen Kulturkreis[2].

Die Bronzereiter als Deckelfiguren unteritalischer Bronzekessel: Zahn S. 49, Abb. 1, S. 51; Brit. Mus. n. 560, M. d. I. V, 25.

Bronzedreifuß aus Perugia: Amer. Journal 1908, Ser. II, pl. XIV, B, 2 c. Zwei reitende Schützen auf sich bäumenden Rossen gegen einander.

Terrakottafries aus Cäre: Zahn S. 58. Rückwärts gewandter Reiter mit der Armhaltung eines Schießenden. Grabaufsatz in Berlin n. 1221. Alte ungenügende Abbildung bei Micali Mon. ined. tav. XXV, 2: Auf drei Seiten des viereckigen Grabaufsatzes aus Alabaster ein Zug von Kriegern in Hoplitenrüstung und Bogenschützen zu Fuß und zu Pferd. Auf der vierten Seite zwei nach entgegengesetzten Seiten sprengende Reiter. Zahn erklärt S. 78 die Schützen für Amazonen. Sie tragen verschlossene Köcher am Schulterband an der Seite. Als Waffen führen sie Bogen und Streitaxt. Eine der Amazonen auf Seite B trägt unter dem Knie geradlinig abgeschnittene Beinschienen oder Gamaschen und ähnlich geformte Unterarmschiene.

---

[1] Im Stil des von Wolters im 'Εφ. ἀρχ. 1892, pl. 8, 9 publizierten Pithos.

[2] Wohl nicht mit Unrecht erkennt Ridder in der Nacktheit der Schützen ihre griechische Nationalität zum Ausdruck gebracht (B. c. h. 1898, p. 465).

Jonische Amphora R. M. 1887, Tf. 9: Auf den ausgesparten Schulterfedern drei Hippotoxoten, verfolgt von drei behelmten Reitern, die Wurfspeere schleudern. Die Hippotoxoten tragen lange, spitze Mützen, die kapuzenartig den Hinterkopf und die Ohren bedecken, kurze Chitone. Die Zügel ihrer Pferde haben sie um die Hüften geschlungen. Unter den Pferden laufende Hunde und Hasen. — Diese Reiter, die wohl irgend einem asiatischen Stamm angehören, hatte der Maler sicher öfter vor Augen. Das Motiv des Rückwärtsschießens entnahm er einer phönikischen Vorlage [1].

Korinth. Amphora in Zürich n. 4, Bonner Stud. S. 279, Fg. 7: Barhäuptiger Jüngling (Troilos) zu Pferd, daneben ein zweites, reiterloses Pferd, nach rechts. Der Jüngling im Hüftschurz, mit dem Oberkörper nach rückwärts gewandt, schießt auf einen ihn verfolgenden Schwerbewaffneten. Dahinter ein zweiter nackter Bogenschütze zu Fuß [2].

Chalkidische Vasenbilder:

A. V. 190—191. Zum Kampf aufbrechende Krieger.

---

[1] Helbig hält die Reiter in seinem Aufsatz über die athenischen ἱππεῖς in den Mémoires de l'inst. nat. 1904, p. 256 für Kimmerier (vergl. auch Helbig in d. Abhdlg. d. bayr. Akad. 1897, S. 287, Anm. ¹). Zahn S. 48 glaubt, der Vasenmaler verdanke die Darstellung der spitzmützigen Leute seinem guten Gedächtnis.

[2] Loeschke glaubte, in diesem Bilde eine chalkidische Nachahmung erkennen zu müssen. Hätte indes der korinthische Maler die von Loeschke vermutete chalkidische Penthesileadarstellung (Bonner Stud. S. 256, Fg. 6) als Vorlage gehabt, so hätte er es gewiß nicht unterlassen, seinen Schützen nach alter korinthischer Tradition auch in der Rüstung der Schwerbewaffneten zu kopieren. Wir haben also direkte Entlehnung, wenn nicht aus phönikischem, so doch aus jonischem Kunstkreis anzunehmen. So fand sich eine Parallele zu dem breiten Köchergurt des Reiters nur bei einem Schützen auf einem Orthostat aus Sendschirli II, S. 207, Abb. 99.

Darunter ein Reiter (Τοχς) mit Köcher, ein zweites Pferd am Zügel führend. Helbig (ἱππεῖς p. 250) erkennt in ihm den ὑπηρέτης des den Helm aufsetzenden Kriegers hinter den Pferden.

Ermitage n. 54, Bonner Stud. S. 256, Fg. 6. Berittene Amazone (Panthesilea) mit Helm rückwärts schießend.

Attischer Deinos, der den tyrrhenischen Amphoren nahe steht: Akropolisvasen Tf. 31, n. 606. Spitzmützige Hyppotoxoten mit kurzen Chitonen im mittleren Bildfries.

Miltiadesschale im Ashmoleam Museum pl. 13.

Onesimosschale: Hartwig Tf. 55.

Bogenschützen zu Wagen. In Darstellungen aus dem realen Leben sind Bogenschützen auf Wagen nicht mehr nachzuweisen. Folgende mythologische Bilder zeigen Apollon als Bogenschützen zu Wagen, den Tityos verfolgend: Jonische Goldringe Annali 1842, tav. U; Furtwängler Gemmen III, S. 85, Fg. 58; jonischer Stamnos M. d. I. II, 18.

Bogenschützen auf Schiffen. Bogenschützen als Besatzung eines Schiffes erscheinen nur mehr im jonischen Kunstkreis: j. f. Hydria im Brit. Mus. Catal. II, B 60, pl. I. Auf dem Schiffe neben drei anderen Kriegern drei Bogenschützen.

Etruskische Vase aus Cerevetri: Gazette arch. 1881,82, pl. 28. Auf dem einen der beiden Schiffe ein Schütze, der wohl eine gleiche Gesamtheit repräsentieren soll.

Motiv des im Felde aufgehängten Köchers ꝛc. Dem raumfüllenden Motiv des Köchers im Felde begegneten wir auf einem rottonigen Reliefpithos[1]. Alsdann konnten wir Köcher mit Bogentasche und Schwert im Feld auf einem korinthischen Henkelkrater des Louvre[2] nach-

---

[1] Maßner, Vasen und Terrakotten n. 207, Fg. 12.
[2] Pottier Album E 634, pl. 48.

weisen. Die attischen Vasenmaler haben dieses Motiv erst in der Zeit des jünger s. f. Stils übernommen [1].

An Bogensorten konnten wir für die archaische Zeit die verschiedenartigsten konstatieren; der Skythenbogen tritt uns zuerst im jonischen Kunstkreis entgegen, im attischen zum ersten Mal auf den altattischen Gefäßen. Auch die Köcher bekommen die mannigfachsten Gestaltungen. Sehnen- und Bogentasche, fingerartige Lappendeckel, am Köcher auf- gebundenen Bogen und den Köcher im Felde fanden wir zuerst auf Denkmälern des später s. f. Stils, kunstvoll verzierte Köcherdeckel erst auf Gefäßen epiktetischen Stils. Den am Schulterband an der Seite getragenen Köcher be- merkten wir in Attika zuerst auf den altattischen Gefäßen, den Köcher am Hüftband zuerst in der Zeit des später s. f. Stils. Das Auftreten der Hippotoxoten auf attischen Denk- mälern geht auf jonische Einflüsse zurück. Schützen zu Wagen und zu Schiff bleiben scheinbar auf den jonischen Kunstkreis beschränkt.

Zusammen- fassung.

Nationalität der spitzmützigen Bogenschützen auf attischen Denkmälern archaischer Zeit.

Mit der Erklärung der auf der Klitiasvase erscheinenden spitzmützigen Bogenschützen hat man sich schon vielfach be-

---

[1] Von den unzähligen Beispielen nur einige: Annali 1835, tav. C, 2; Österr. Jahresh. 1900; S. 65, Fg. 7; A. V. 113; 308, 1. Zu- weilen erscheint ganz sinnlos der Bogen zwischen einzelnen Personen gleichsam als Füllornament eingestreut: Ridder p. 82, fg. 5, n. 174; der ganze Köcher mit aufgebundenem Bogen: Journal of hell. stud. 1892, pl. III. — Die Ergänzung des „Typhon"-Giebels nach Wiegand (Porosarchitektur S. 106) ist demnach ein kunsthistorischer Anachronis- mus, vergl. zur Sache auch Furtwängler in d. Sitzbr. d. bayr. Akad. 1905, S. 435.

faßt. Die ältere Literatur gibt bereits Zahn S. 45 ff.
Zahn selbst bringt Seite 74 die Schützen der Klitiasvase
in Verbindung mit den spitzmützigen Reitern auf der von
Dümmler publizierten jonischen Vase. Er sieht in den
Reitern eine Reminiszenz an die Kämpfe mit den Kim=
meriern. Diese Deutung glaubt er durch den Namen des
einen Schützen der Klitiasvase, Kimmerios, bestätigt. „Der
eine führt also einen einem Volksstamm entnommenen
Namen, wie man ihn Sklaven gab, der andere einen, der
jedenfalls skythisch klingen sollte *(Τόξαμις)*.“ Zahn glaubt
ferner, daß bei den auf einigen Denkmälern wie hier mit
kurzem, ärmellosen Chiton erscheinenden Bogenschützen
durch die Mütze „die fremde Tracht“ angedeutet sei[1]. Die
eng anliegende, gemusterte Tracht der Schützen meint Zahn
„allein aus der skythischen befriedigend erklären“ zu können[2].
Das aus seiner Betrachtung gezogene Resumé ist schließ=
lich: „Nur wenn wir annehmen, daß skythische Soldtruppen
oder bewaffnete skythische Sklaven in verschiedenen klein=
asiatischen Gemeinden existierten, können wir uns die Er=
scheinung erklären, daß solche Bogenschützen, die wir auf
älteren Vasen als Feinde der Griechen kennen gelernt, auf
einmal als ihre Kampfgenossen erscheinen.“ Dabei ver=
weist Zahn besonders auf die Darstellung eines jonischen
Deinos im Louvre. Vorausgreifend bemerken wir schon
jetzt, daß sich gerade der hier dargestellte Schütze als recht
wenig mit dem skythischen Brauch des Köchertragens ver=
traut erweisen wird.

Wenn nun Zahn in dem Ethnikon des einen Schützen
einen Sklavennamen vermutet, so „scheint es wenig glaub=
lich, daß der Maler der Françoisvase einem Bogenschützen,
den er als ebenbürtigen Genossen der an der kalydonischen

---

[1] S. 70.
[2] S. 73.

Jagd teilnehmenden Helden auftreten ließ, einen Sklaven=
namen beilegte"¹. Auch daß die eng anliegende, gemusterte
Kleidung nur gerade aus der skythischen befriedigend sich
erklären ließe, scheint nicht recht wahrscheinlich, wenn man
die Skythenkleidung des 6.² und 5.³ Jahrhunderts betrachtet
und zudem noch den Bericht Herodots über so zahlreiche
hosentragende, asiatische Völkerschaften beizieht⁴. Die An=
sicht Zahns endlich, daß durch die spitze Mütze allein schon
„die fremde Tracht" angedeutet sei, scheint ganz unglaublich
im Hinblick auf die reitenden Bogenschützen mit spitzer
Mütze, die in keine der von Zahn aufgestellten Klassen
passen will, auf jenem im B. c. h. 1898, p. 463, fg. 8
publizierten rottonigen Pithos. Die Mütze macht eben die
Schützen nicht zu Barbaren, wie sie ja auch schon durch
ihre Nacktheit als Griechen kenntlich gemacht sind⁵.

[1] Helbig in den Abhdlgn. d. bayr. Akad. 1897, S. 299.
[2] Zwei Skythen auf dem persischen Zylinder bei Micali, Monu‑
menti inediti I, 17.
[3] Die Skythen der Nikopolschen Silbervase, Compte R. 1864,
pl. 3, und der Silbervase aus Kul=Oba, Bosphore Cimmérien pl. 33.
[4] VII, 61 ff.
[5] Dasselbe gilt auch von dem Hirschjäger auf der phönikischen
Silberschale (Ohnefalsch=Richter S. 126), der scheinbar eine die Ohren
und den ganzen Hinterkopf bedeckende Mütze trägt. Im übrigen wäre
überhaupt eine eingehendere Behandlung der mützenartigen Kopfbedeck‑
kungen mit Heranziehung aller Denkmäler sehr wünschenswert. Eine
Beschränkung auf die Darstellungen von Bogenschützen, wie Zahn sie
vorgenommen hat, scheint ein endgültiges Resultat nicht zu ergeben.
Wir selbst äußern im folgenden nur mit Vorbehalt unsere Ansicht.

Eine Kapuze, die die Ohren und den ganzen Hinterkopf bedeckt
und deren Spitze hinten herunterhängt, trägt schon der Schütze auf
dem mykenischen Steatitfragment aus Knossos (Annual VII, p. 44).

Die Kappe des heroischen Zeitalters ist die $κυνέην \ldots ταυρείην,$
$ἀφαλόν \ τε \ ἄλλοφον, \ ἥ \ τε \ κατατυξ \mid κέκληται, \ ῥύεται \ δὲ \ κάρη, \ θαλερῶν$
$αἰζηῶν$ (K 335). Außer dem Schwerbewaffneten Diomedes trägt sie
K 261 der Bogenschütze Odysseus: $κυνέην \ κεφαλῆφιν \ ἔθηκεν \ldots \mid \ ῥινοῦ$
$ποιητήν\cdot \ πολέσιν \ δ' \ ἔντοσθεν \ ἱμᾶσιν \mid ἐντέτατο \ στερεῶς, \ ἔκτοσθε \ δὲ$

Von Zahn unabhängig hat dann Helbig von neuem das Skythenproblem in einem Aufsatz über „Eine Heerschau des Pisistratos oder Hippias auf einer s. f. Schale" in den Abhandlungen der bayer. Akademie 1897, S. 259 ff. aufgegriffen. Seine ganze Untersuchung stützt sich vornehmlich auf die ethnische Charakteristik der dargestellten Bogenschützen. Einige Leitsätze aus Helbigs Aufsatz sind: „Bogenschützen, die durch ihre Tracht wie durch ihren Ge-

------

λευκοὶ ὀδόντες | ἀργιόδοντος υἱὸς Ἰαμέες ἔχων ἔνθα καὶ ἔνθα | εὖ καὶ ἐπισταμένως, μέσσῃ δ᾽ ἐπὶ πῖλος ἀρήρει. K 335 trägt der Schütze Dolon eine κτιδέην κυνέην, ω 231 der in seinem Garten arbeitende Laertes eine αἰγείην κυνέην. Die κυνέη wird also wohl eine leichte und bequeme Haube gewesen sein, besonders passend — natürlich abgesehen von dem alten Laertes — für Leute, die ev. mit eiliger Bewegung zu rechnen haben.

Selbst jene Bogenschützen, die im übrigen wie Schwerbewaffnete gerüstet sind, wie die Lykier hatten als Kopfbedeckung πίλους πτερωτοὶ περιεστεγασμένους (Herodot VII, 92). Die Schützen pflegten also ihre leichte Kopfbedeckung zuweilen auch zu schmücken. Auf Vasenbildern sehen wir ähnlichen Schmuck an der Mütze des bespannenden Schützen auf einem Vasenfragment in München (Furtwängler Ägina S. 299, Abb. 250). Auf jeder Seite der Mütze ein nach hinten aufwärts stehender, kleiner Flügel. Auf dem etwas älteren Alabastron des Psiax und Hilinos hat der Schütze seine Mütze mit einem Blumengewinde umzogen (Arch. Anzeiger 1894, S. 180).

Von den Leichtbewaffneten trägt neben den Bogenschützen scheinbar auch das Korps der Schleuderer solch spitze Mützen mit herunterhängenden Laschen, wie wir an einem Schleuderer, der das Pendant zu einem fast gleich gekleideten Schützen bildet, auf einer attisch s. f. Schale in München n. 2104 (1235) sehen können.

Ein recht anschauliches Beispiel für die Kappe des 7. Jahrhunderts bietet die des Perseus auf der Äginaschüssel (Arch. Ztg. 1882, Tf. 9). Die Kappe ist aus der Stirne gerückt und bedeckt den Hinterkopf, nach oben spitz zulaufend, an der Spitze eine Schlinge zum Aufhängen, am unteren Rande ein Band zum Festbinden unter das Kinn. Eine ganz ähnliche Karpe trägt der Schütze zu Wagen auf der Tamassosvase (Ohnefalsch-Richter S. 66, Fg. 71) und der auf dem jonischen Vasenfragment aus Daphnä (Ant. Denkmäler II, Tf. 21, 3).

sichtstypus als Skythen charakterisiert sind, kommen aber nicht nur auf dem Londoner[1], sondern auch auf zahlreichen s. f. Gefäßbildern fortgeschrittenen Stils vor, welche Szenen kriegerischen Charakters darstellen." Während nun Helbig auf den eben genannten Gefäßbildern vorzugsweise skythische Charakteristik erkennt, stehen die Gesichtstypen der Schützen im Epiktetischen Kreis mit einem Male in schroffem Gegensatz zu jenen. Der Epiktetische Kreis stellt also „lediglich griechische Bogenschützen" dar. Den Grund sieht Helbig in dem von seinem Zartgefühl durchwehten Geist der Epiktetischen Zeit. Die Maler des streng r. f. Stils endlich malten nach Helbig wohl Barbarentypen, insbesondere Perser auf den jüngeren Gefäßen dieser Gattung, verbannten aber durchweg skythischen Gesichtstypus aus ihren Bildern. Das hieraus gezogene Resumé Helbigs ist, „daß das athenische Heer während der Blütezeit des streng r. f. Stils keine skythischen, sondern ausschließlich Bogenschützen griechischer Nationalität enthielt." Erst nach der Stiftung des Seebundes hätten die Athener wiederum begonnen, Mannschaften aus dem Pontus zu beziehen. Als Werbe-

---

Es ist gewiß anzunehmen, daß die in Griechenland schon seit vielen Jahrhunderten üblichen Kopfbedeckungen im 6. Jahrhundert durch intimere Beziehungen mit dem Orient vielfach der Mode unterworfen waren. Diese war so ausgedehnt, daß selbst die Griechen die genaue Bezeichnung für die einzelnen Mützenarten nicht mehr auseinander zu halten vermochten, so Suidas 2, 275: πιλος· τὸ κέντουκλον, κοσμος περικεφάλειος, ὃν οἱ μὲν κυρβασίαν, οἱ δὲ τιάραν, ἄλλοι δὲ κίδαριν καλοῦσιν. Die hier genannten Mützensorten waren bei gewissen orientalischen Völkern üblich, bei deren Aufzählung sie Herodot VII, 61 ff. ausdrücklich erwähnt.

Daß also die Griechen des 6. und 5. Jahrhunderts mit diesen spitzen Mützen nicht „die fremde Tracht" andeuten wollten, wird aus diesem kurzen Exkurs schon ersichtlich sein.

[1] M. d. I. IX, 10. Von diesem Schalenbilde geht Helbigs ganze Untersuchung aus.

platz nimmt Helbig Sigeion an, wohin die im Jahre 510 vertriebenen Pisistratiden übersiedelten und sich daselbst unter dem Schutz des Großkönigs behaupteten. Der aus dieser Politik sich ergebende Schluß ist, daß „die Athener im Jahre 510 jenen Werbeplatz verloren und infolge dessen sämtliche für ihr Heer nötigen Bogenschützen in dem eigenen Lande ausheben mußten".

Der Umstand, daß die epiktetischen Vasenmaler, im Gegensatz zu den Malern des jünger f. f. Stils, durchaus skythische Gesichtstypen aus ihren Bildern verbannten, nur um das Feingefühl ihrer Zeitgenossen nicht zu verletzen, setzt eine plötzliche, vollständige Wandlung der ästhetischen Anschauung voraus, die unmöglich so mit einem Male vor sich gehen konnte. Wenn ferner nach Helbig die Vasenmaler des streng r. f. Stils bei Barbarentypen sich insbesondere auf Perser beschränkten, so zwingt das nicht zu dem Schluß, daß das athenische Heer jener Zeit nur Bogenschützen griechischer Nationalität enthielt.

Da wir uns also keiner der bisher vorgebrachten Deutungen anschließen können, betrachten wir zum Zwecke einer neuen Erklärung die in Frage stehenden Denkmäler nach zwei Richtungen:

I. Die Art, den Köcher bezw. Goryt zu tragen.

II. Die skythischen Köcher bezw. Gorytformen im Vergleich mit den griechischen.

Persischer Zylinder des 6. Jahrhunderts zwei skythisch gekleidete Krieger im Kampfe mit zwei Persern[1] darstellend: Micali, Mon. ined. I, 17. Die Skythen tragen den Goryt an einem Hüftband, von dem aus zwei Riemen zur Mitte des oberen Gorytrandes laufen. Ähnlich tragen den Goryt die Skythen

---

[1] Zahn S. 72 ist im Zweifel über die persische Nationalität dieser Krieger. Auf Grund eines persischen Achatzylinders der Sammlung Arndt, der den Großkönig als Löwenjäger in ganz ähnlicher Tracht darstellt, ist der Zweifel beseitigt.

der Elektronvase[1] und der Silbervase aus Kul-Oba[2], beide aus dem 5. Jahrhundert. Das Tragen des Goryts, hier zugleich des Köchers, an einem Hüftband an der Seite ist also ein Charakteristikum der Skythen[3].

In Griechenland pflegte man in ältester Zeit den Köcher an einem Schulterband vertikal am Rücken zu tragen. Auf korinthischen und chalkidischen Gefäßbildern, die spitzmützige Leute überhaupt nicht zur Darstellung bringen, erscheint auch der an der Seite getragene Köcher und zwar teils an einem Hüftband, teils an einem Schulterband getragen.

Auf altattischen Vasen konnten wir den an einem Schulterband an der Seite getragenen Köcher nachweisen. Nach unseren bisherigen Betrachtungen können wir nicht annehmen, daß dieser plötzlich erscheinende Brauch in irgendwelcher Beziehung zu den spitzmützigen Schützen der Klitiasvase steht. Daß sie aus dem Osten stammt, beweisen die oben angeführten, hier in Betracht kommenden Denkmäler. Skythisch ist aber diese Sitte jedenfalls nicht, was noch folgende attische Vasenbilder besonders dartun:

Attische Amphora s. f. älteren Stils in München n. 1375 (392 A): Ungenügende Abbildung in d. Münchener Studien S. 493, Fg. 24. Kampfszene. Ein spitzmüziger Schütze trägt den Köcher an einem Schulterband auf dem

---

[1] Compte R. 1864, pl. 1—3.
[2] Bosphore Cimmérien pl. 33.
[3] Ganz ebenso Zahn S. 64 a. a. O. Zahn übersieht aber bei seinem besonderen Hinweis (S. 77) auf den am Deinos im Louvre dargestellten Schützen, den er augenscheinlich für einen skythischen Söldner oder für einen bewaffneten skythischen Sklaven hält, daß gerade er nach Zahns Angabe den Köcher an einem Schulterband an der Seite trägt. — Nicht deutlich genug drückt sich also der Scholiast zu Pindars 2. Olympischer Ode V, 150 aus: εἰώθασι γὰρ οἱ Σκύθαι ὑπὸ τὸν ἀγκῶνα βέλη βαστάζειν, οἱ δὲ Κρῆτες κατὰ τῶν ὤμων, die Skythen pflegen nämlich ihre Pfeile unter dem Ellenbogen (d. h. an der Seite), die Kreter am Rücken zu tragen.

Rücken, an einem zweiten Schulterband an der l. Seite scheinbar Goryt, von dem nur der untere, abgerundete Endteil unter dem l. Oberschenkel des Schützen sichtbar ist.

Attischer Deinos, der den tyrrhenischen Amphoren nahe steht: Akropolisvasen Tf. 31, n. 606.

Die spitzmützigen Reiter tragen den Köcher an einem Schulterband am Rücken. Auch diese Schützen wie der auf der vorhergehenden Vase im kurzen Chiton.

Der am Hüftband getragene Köcher ist also trotz des Auftretens der spitzmützigen Schützen für diese alte Zeit nicht bezeugt. Erst auf den attischen Vasenbildern s. f. späteren Stils konnten wir bei spitzmützigen Bogenschützen das Tragen des Köchers an einem Hüftband nachweisen.

Die skythische Köcher- bezw. Gorytform zeigt:

Persischer Zylinder des 6. Jahrhunderts: Micali, Mon. ined. I, 17.

Köcher ohne Deckel in halber Bogengröße, dient zugleich als Goryt. Die Hälfte des Bogens sowie mehrere Pfeile ragen aus der Öffnung. Der Köcher, nach dem Ende zu etwas gekrümmt, endet spitz.

Silbervase aus einem Skythengrabe des 5. Jahrhunderts aus Kul-Oba, Bosph. Cimm. pl. 33 = Vorlegeblätter Ser. B, 2.

Bogentasche und Köcher bilden nicht mehr ein Behältnis. Die Bogentasche besteht in einer flachen, dem Ende zu sich verjüngenden, geschweiften Hülle, auf die der Köcher in Form einer oblongen Tasche mit einer seitlichen, quadraten Öffnung aufgesetzt ist. Die Oberseite des Köchers ist kunstvoll verziert. Aus der Öffnung der Bogentasche ragt nur das Endteil des bespannten Bogens[1]. Der zweite

---

[1] Dieser Gorytform nachgebildet sind die Bogentaschen, die auf Münzen der 2. Hälfte des 5. Jahrhunderts und vom Anfang des 4. erscheinen: Journal of hell. stud. 1903, p. 51, fg. 10 b; Cat. Brit. Mus. Thracia p. 12 aus Olbia; Cat. Jonia pl. XV, 9, 10 aus Erythrä. Zur Verkleidung der Seitenwand eines Köchers dieser letzt-

Skythe von links trägt an der Seite eine große, auf allen Seiten verschlossene, oblonge Tasche.

Nikopolsche Silbervase im Compte R. 1864, pl. 3. Der Pferd dressierende Skythe trägt an der Seite eine Tasche, die dem Ende zu sich stark verjüngt. Der Taschenabschluß im Profil eckig. Zu beiden Seiten der oberen Öffnung klingt die Taschenwand in eine kleine Volute aus. Aus dem Taschenabschluß hervor ein kleiner Vorstoß sichtbar, der wahrscheinlich das aus der Tasche hervorragende Ende des Bogens darstellen soll. Bei der Tasche eines anderen Skythen auf dem gleichen Bilde fehlen der untere Vorstoß und die oberen Eckvoluten.

Zu erwähnen ist endlich noch die Barbarensitte der Skythen, die erschlagenen Feinden die Haut der r. Hand mitsamt den Fingernägeln abzogen und als Köcherdeckel benutzten [1].

Ein Vergleich mit den oben beschriebenen griechischen Köcherformen lehrt, daß sie von Anfang an von den skythischen durchaus verschieden sind. Anklänge an die skythische Gorytform setzen nicht notwendig direkte Entlehnung voraus.

---

genannten Form diente auch die kunstvoll verzierte Platte aus Nikopol im Compte R. 1864, pl. 4.

Beachtenswert ist, daß auf der Reversseite einer etwa gleichzeitigen Münze aus Stymphalos neben dem skythischen Bogen eine zylindrische Köcherform ohne Deckel erscheint Catal. Peloponnes pl. 37, 3.

[1] Herodot IV, 64: πολλοὶ δὲ ἀνδρῶν ἐχϑρῶν τὰς δεξιὰς χεῖρας νεκρῶν ἐόντων ἀποδείραντες αὐτοῖσι ὄνυξι καλύπτρας τῶν φαρετρέων ποιοῦνται, viele von den Feinden ziehen die Haut mitsamt den Fingernägeln von der r. Hand der Toten und machen sie zu Köcherdeckeln. — Vielleicht, daß wir eine Reminiszenz an ein solches Stück und damit an den Aufenthalt des Herakles im Skythenland in den Köcherdeckeln der beiden Heraklesbilder auf der Londoner Schale s. f. späteren Stils (M. d. I. IX, 11) erkennen dürfen. Handschützer, wofür Luschan in der Festschrift f. Benndorf ähnliche Bildungen zu halten geneigt ist, sind es jedenfalls nicht.

Zusammen-
fassung.

Zusammenfassend können wir also sagen: Alle bisherigen Deutungen, die sich auf die Schützen der Klitiasvase bezogen, mußten notwendigerweise mißlingen, da
Bogenschützen mit spitzen Mützen von den Schützen der
Klitiasvase ab bis in die Zeit des jünger s. f. Stils bei
Szenen aus dem realen Leben nicht nachgewiesen waren[1].
Das Bild auf einer älter s. f. Amphora der Münchener
Sammlung n. 1375 (392 A) füllt nun die bisher klaf-
fende Lücke[2]. Die für uns in Betracht kommende Darstellung auf der einen Bauchseite dieser Vase zeigt einen
bärtigen, barhäuptigen Krieger im kurzen Chiton, darüber
ein steif herunterhängender, bunt verzierter Mantel in der
Länge des Chitons. Daneben ein halbkniecender Bogenschütze mit Mütze, die die Ohren scheinbar verdeckt und
deren Spitze nicht allzu lang ist. Über den unteren Teil
des Gesichts um das Kinn herum, sowie über die Haube
an dieser Stelle läßt sich nichts Genaueres sagen, da sie
gerade durch die anziehende Hand verdeckt ist. Doch ist so
viel mit Sicherheit zu erkennen, daß sich herunterhängende
Laschen an der Mütze nicht befinden. Der Schütze in kurzem
Chiton, der mit Punktrosetten geziert ist. Auch sind ganz
deutlich Beinschienen bemerkbar. Am Rücken trägt er scheinbar zylindrischen Köcher ohne Deckel, an der l. Seite
wahrscheinlich Goryt, beides an je einem über die r. Schulter laufenden, weißen Band. Die Hand des gestreckten l.
Armes hält den Bogen vor, der so ziemlich mit dem der

[1] Helbig (Abhdl. d. bayr. Ak. 1897, S. 298) folgert aus diesem
Fehlen der spitzmützigen Schützen, daß die Skythen während der
1. Hälfte des 6. Jahrhunderts nicht zu den in Athen geläufigen Er-
scheinungen gehört haben. Er meint, daß auch ein Beispiel dafür
nicht nachweisbar sei.

[2] Prof. Wolters, L. Curtius, Dr. Sieveking hatten die Güte, die
Vase auf diesen Zeitansatz hin zu prüfen. — Ungenügende Abbildung
dieses wichtigen Gefäßes in d. Münchener Studien S. 493, Fg. 24.

Schützen auf der Klitiasvase zusammengeht. Am Mittelstück Umwicklung angedeutet. Zeigefinger der l. Hand vorgestreckt. Aufzug bis zum r. Ohr. Zu diesen beiden Kriegern gehört ein Reiter mit kurzem Chiton und einer Art Petasos auf dem Kopfe, wie der erste Krieger die Lanze gegen einen Krieger zu Fuß auf der r. Seite schwingend. Dieser von Ansehen wie der Schwerbewaffnete zu Fuß der anderen Partei, nur mit spitzer Mütze, von der zwei Laschen herunterhängen. Zu seinen Füßen am Boden ein bärtiger Krieger mit ähnlicher Mütze wie der stehende Hoplit, kurzem Chiton, Schwert, auf den l. Arm gestützt, das Haupt geneigt.

Also eine sehr bewegte Kampfszene, die sehr wohl aus dem Leben gegriffen sein kann. Gegen die skythische Nationalität des hier dargestellten Schützen aber spricht vor allem das Tragen von Beinschienen[1] und des Köchers am Rücken. Auch die Trennung von Bogentasche und Köcher, der kurze Chiton, sind lauter Dinge, die für einen Skythen wenig passen wollen.

Gegen die skythische Nationalität der auf den Vasenbildern des später s. f. Stils erscheinenden spitzmützigen Schützen spricht ferner das Tragen des Köchers an einem Schulterband an der Seite, das Aufbinden des Bogens auf den Köcher und die verschiedenartigen, vom skythischen Goryt abweichenden Köcherformen[2]. Das Mittragen eines Reservebogens wie die Benützung des Köchers auch als Bogentasche muß nicht notwendig auf skythische Einflüsse zurückgehen. Die Form der Mütze kann, wie schon erwähnt, ebensowenig für die Nationalität dieser Schützen

---

[1] Auch der spitzmützige Schütze auf der Schale des Amasis in der Sammlung Luynes pl. 1 trägt Beinschienen und kurzen Chiton.

[2] Eine dem skythischen Goryt nachgebildete Bogentaschenform konnten wir erst auf griechischen Münzen aus der 2. Hälfte des 5. Jahrhunderts nachweisen.

ausschlaggebend sein. Der Geschmack der Zeit wird hier mitgesprochen haben[1].

Die gemusterte, eng anliegende Tracht der Schützen mag wohl asiatisch, doch muß sie nicht aus der skythischen hervorgegangen sein. Auch die Untersuchung der ethnischen Charakteristik kann, wie Helbigs Untersuchung gezeigt hat, zu keinem Ziele führen[2]. Wir vermuten deshalb

[1] So sehen wir auf dem Innenbild einer Schale aus Euphronischem Kreise bei Hartwig Tf. 14, 1 zwei nackte, junge Schützen mit einer Kappe bekleidet, von der scheinbar jederseits zwei Laschen herunterhängen, oben ein kleiner Zipfel (als Handhabe oder als Schlinge zum Aufhängen?) — es ist die thrakische ἀλωπεκῆ. Ähnliche Mützen tragen die Schützen der Onesimosschale (Hartwig Tf. 55), dazu noch eng anliegende, gemusterte Tracht und sandalenähnliche Stiefel. Furtwängler glaubt im 50. Winkelmannsprogramm S. 158 ff., daß die zwei herabhängenden, langen, spitzen Seitenlaschen, die der skythischen Mütze charakteristisch sind, der ἀλωπεκῆ durchaus fehlen. Ausschlaggebend ist das Innenbild einer Schale streng r. f. Stils in Pottiers Album pl. 90, G 26, das einen Pferde führenden Mann darstellt mit langem thrakischen Reitermantel, hohen Thrakerstiefeln und einer Mütze, ganz ähnlich der der Schützen auf der Onesimosschale.

[2] Zu den Ausnahmen gehört das Bild einer streng r. f. Schale in den A. V. 165. wo die Schützen durch ihre struppigen Bärte sicher als Barbaren charakterisiert sind, aber hier auch als selbständige Garde auftreten. Ähnlich erklärt sich der Reiter auf dem Innenbild der Durisschale (Jahrbuch 1888, Tf. 4). Bemerkenswert ist, daß die Schützen beider Darstellungen fast ganz gleiche Kopfbedeckung tragen. Das Gesicht des nach rechts eilenden Schützen dagegen auf dem r. f. Vasenbild in der Arch. Zeitung 1871, Tf. 48 zeigt keinen fremdländischen Gesichtstypus, wie ein Vergleich mit dem Gesicht des Schwerbewaffneten dartut. Hauser glaubt auf einer Amphora im Stile des Euthymides (F. R. V. Tf. 103, Text S. 224) in dem Schützen seiner allerdings etwas eigenartigen Physiognomie halber einen Barbaren zu erkennen. Halten wir wieder den Gesichtstypus des Schwerbewaffneten gegenüber, so werden wir auch darin den edlen, griechischen Gesichtsschnitt vermissen. Die auch sonst sich bemerkbar machende Unbeholfenheit des Meisters wird hier mitgespielt haben. — Schwer ist eine Entscheidung bei dem Andokidesbild im Jahrbuch 1895, Tf. 4 (cf. dazu ibidem S. 153 (Hauser), Abhdlgn. d. bayr. Ak. 97, S. 277, Anm. 1 (Helbig).

in den zum Teil bebarteten, zum Teil bart=
losen Bogenschützen in bunter, eng anlie=
gender Kleidung und Mütze griechische Män=
ner in ihrer Schützenuniform[1]. So ist auch
die Darstellung des Heros der Bogenschützen, des Herakles,
in dieser Tracht besser verständlich[2]. Daß gleiche Kämpfer=
paare auf attischen Gefäßbildern zuweilen gegenüber ge=
stellt sind, kann uns wenig tangieren, wenn wir an ähn=
liche Darstellungen aus dem Mythos als Vorlagen denken[3].

---

[1] Furtwängler hat schon gelegentlich die gleiche Meinung geäußert im Text S. 109 von F. R. V.

[2] Auf der Brygosschale, M. d. I. IX, 46 = F. R. V. Tf. 47, und der Gigantenschale in Berlin n. 2293, in Gerhards Trinkschalen Tf. VIII, 3, 4.

[3] vergl. dazu die Darstellung des attischen Kantharos in der Arch. Ztg. 1851, Tf. 31, wo noch die Bogenschützen auf jeder Seite nach korinthischem Schema mit Helm erscheinen.

www.ingramcontent.com/pod-product-compliance
Lightning Source LLC
Chambersburg PA
CBHW030237240426
43663CB00037B/1217